微商操盘手
实战秘籍

王芪权　著

台海出版社

图书在版编目（CIP）数据

微商操盘手实战秘籍 / 王茛权著 . — 北京：台海
出版社，2018.10
　ISBN 978-7-5168-2124-4

　Ⅰ . ①微… Ⅱ . ①王… Ⅲ . ①网络营销 Ⅳ .
① F713.365.2

中国版本图书馆 CIP 数据核字（2018）第 219830 号

微商操盘手实战秘籍

著　　者：王茛权	
责任编辑：徐玥	装帧设计：万有文化
版式设计：万有文化	责任印制：蔡旭

出版发行：台海出版社

地　　址：北京市东城区景山东街 20 号　　邮政编码：100009

电　　话：010-64041652（发行，邮购）

传　　真：010-84045799（总编室）

网　　址：www.taimeng.org.cn/thcbs/default.htm

E-mail：thcbs@126.com

经　　销：全国各地新华书店

印　　刷：天津盛辉印刷有限公司

本书如有破损、缺页、装订错误，请与本社联系调换

开　　本：880mm × 1230mm	1/32
字　　数：105 千字	印　张：6.5
版　　次：2018 年 10 月第 1 版	印　次：2018 年 10 月第 1 次印刷
书　　号：ISBN 978-7-5168-2124-4	
定　　价：59.00 元	

操盘手就是微商行业的军师

文 / 李鲆

微商行业发展到今天，逐渐趋向成熟。

做微商的人早已不再局限于草根，许多明星、大老板、企业家，发现了微商行业中巨大的商业价值，进而投身到微商大军中来。但是很大一部分想做微商的人，对微商并不了解，不了解，就很难从微商中获利。

这时候，微商操盘手便应运而生。

就像我们做投资，有投资顾问；玩股票，有股票分析师；想理财，有理财规划师。那么做微商，自己又缺乏专业知识时，就需要一个微商操盘手。

操盘手就像微商行业的军师，他们在微商行业中运筹帷幄，不仅能自己赚进大把钞票，还能指点别人在微商行业中获取高额利润。

可是要怎样，才能成为一个优秀的操盘手呢？

为此，我特地邀请了一位操盘大咖来写一本有关微商操盘手的"干货合集"，于是就有了这本《微商操盘手实战秘籍》。

王芃权，广州芝菲网络科技董事长，业内著名操盘手，为多家微商企业提供顾问服务。

2017 年，王芃权操盘过一款喷雾产品，引爆销售热潮。

他的成功经历，吸引了各大高校的注意，纷纷邀请他到大学内进行大学生创业指导，传授经验。

这位叱咤微商界的操盘大咖，不仅在书中提供了品牌突破业绩瓶颈，改变思维的实战技巧，还向大家分享了各种顶级操盘经验与攻略。

微商操盘本就是极具智慧性与技巧性的，如果各位阅读本书后，能吸收书中知识，并且灵活运用书中介绍的操盘技巧，相信一定能成为优秀的微商操盘手。

准操盘手们无论是打算自己创业，还是受雇于企业集团，都相当于微商界的军师。

多一个有智慧有实力的军师，就能给微商行业和社会多做一份贡献！

李鲆 出版策划

276527980

资深出版人，策划出版多部畅销书，著有《畅销书浅规则》《畅销书营销浅规则》《微商文案手册》等。

别当炮灰

文／王茛权

当我提笔写这本书时，微商已然兴起五个年头了，这期间微商成就了千万家企业和不计其数的百万富翁，但与此同时很多人也不幸成了"炮灰"（微商行业术语，泛指做微商没赚到钱的人）。

即便如此，还是有很多人前仆后继地怀揣着梦想和希望加入微商行业。他们或成为品牌方，或成为操盘手，或成为代理等。

我实操过多个自主品牌、微商产品，同时也为多家微商公司进行顾问服务。

　　在《微商操盘手实战秘籍》中，我为蠢蠢欲动的准操盘手深入浅出地介绍了微商操盘的各种方法。

　　目的是让准操盘手们能少走弯路，在创业路上多点创造价值、少点没必要的失败和挫折，也希望职业操盘手们能通过阅读本书，给雇主创造更多的价值，合作更加愉快。更希望那些想要转型微商的传统企业及品牌方能够少一点试错、少一丝浪费，用成功的微商盘为这个行业及社会做出更多的贡献。

　　再好的文章、再深刻的知识都不能直接生产价值，我们唯有对知识的理解掌握，再加上行动才能创造真正的价值。

　　读万卷书，行万里路。我希望各位读者都能通过阅读本书实现自己的梦想。

{目录}

一

传统企业叱咤微商业的三种现象

1. 不招一个代理，不开一节课，每年持续出货

犹豫再三，我决定还是把这个行业内不为人知的大招放在这本书的开头。目的不是震撼人们的思维和视听，只希望能够给一些有潜力和格局的人一些启发。

在微商这个行业里奋斗过一段时间的朋友都会对一些微商大品牌有着一定的了解，比如某些年收入非常高的微商公司，我们掰手指头就能数出十几个。

但我们很多人不知道的是，这些微商公司背后往往有一两个非常庞大的巨型供应商，他们没有发过一条朋友圈，他们也没有招过一个代理，但是他们每年

出货的数量，比大部分人都多。

出货给谁呢？给这些巨型供应商。

我有幸与其中一个微商供应商合作过，经历其实很简单。

当时我初创品牌，从零开始，摸爬滚打也只有半年之久，但是由于个人眼光和要求比较高，对产品包装设计有着一定的见解，发朋友圈图文也稍有品味，加之公司的招商活动做得比较频繁，我因此被"日化行业巨头公司某老板"相中。

我与他合作的过程中，获得了巨大的利润。

做生意，就是在成交与被成交之间转换角色。要看自己被谁成交，用什么模式成交，自己怎么成交别人，后续能否有个好的结局。

所谓大鱼吃小鱼这个道理在微商这个行业演绎得特别明显，以强成交弱是行业规则，以弱成交强的结果往往是碰一鼻子灰甚至被拉入黑名单。

另外一种现象是强强联合，但强强联合往往需要同频、同利。同频者往往能够走得更长远，单纯地以利相聚往往不能善终，这方面的案例就不在书中详细叙述了。

所以，有实力有格局的老板不妨参考以上做法，在这个行业中占一份份额。

2. 老板自己没有格调，形象不佳，不会演讲，如何出货？

微商领域里有一种老板，形象不佳，普通话很不标准，竟每年都能售出大量的货。他们的产品甚至设计得很丑，但就是能够出那么多货，他们是怎么做到的呢？

我有幸接触过这样的老板，发现了他们的独特之处，那就是：舍得，肯给予。

他们深知自己能力不够，不能操盘，就重金聘用操盘手给自己操盘。虽然这些老板中也有一些失败的案例，但他们深知成功的一个关键点，就是所有的成功都是用失败积淀起来的。

如果你觉得自己不适合操盘，没有办法来操盘一个微商产品，你也想找操盘手的话，那我希望你能够做好失败的准备，而不是孤注一掷地把所有的希望寄托在一个操盘手身上。

如果你自己没有实力操盘，同时又找不到合适的操盘手该怎么办呢？

还有一种方法：请有经验的品牌方老板或者行业内有成功经验的操盘手给你做顾问。

顾名思义，顾问就是指导你，而不是替你操盘。

这需要你进入行业内的圈子，你认识的操盘手和品牌方越多，越能分辨清楚操盘手的实力和虚实真假。

3. 什么都不具备的情况下如何靠一个字来盈利

如果你一时没有找到合适的操盘手，也没有找到合适的行业顾问来指导你，那就只能靠一个字来奋斗了，这个字叫作："干"。

我曾经开过一家微商公司，当时自己在什么都不懂，也没有一个微商朋友指导的情况下，靠阅读十几本微商方面的书，找到一些方法。同时靠自己之前的一些营销经验，和自己之前的一些互联网经验，从零开始，慢慢做起来的。

这个过程，有一点辛苦，有一点痛苦，有一点漫长。经过大量的试错，我才发现那些问题其实是都可以避免的。

当然一些核心精髓的微商原理，只有自己亲自尝试了才知道。如果你不实战，你只是学习，哪怕学再多年你仍然是个门外汉。

这一类朋友我见过非常多：他们到处参加会议，到处报培训班，每年花大量的钱来学习微商。但几年之后，他们发现自己仍然是个观望微商没经历过实战的人。多么可悲！

更可悲的是，还有一类人不敢卖产品，也不敢招商，而是去给别人当操盘手。

任何老板请了这样的操盘手，公司恐怕也是前途渺茫。

二

传统企业起盘微商的四种死法

1. 选错操盘手——所托非人致死

早在 2014 年某些行业巨头就挥舞着旗帜进入了微商行业，但他们也只是大张旗鼓地开了发布会之后，就偃旗息鼓了，结果是没有在微商领域里掀起一点儿波澜。

细究之下，不外乎四个字"所托非人"，就是说找了不合适的操盘手，以至于没有全盘地合理布局。不懂推广，没有招到代理，更有甚者收了七位数的佣金后就逃之夭夭了。

加之传统行业老板心浮气躁，对微商圈没有深入的了解，也没有接触过一些微商团队或是操盘手，更没有接触过微商行业有能力的大咖和高手，最终导致自己的微商事业不了了之。

其实这样浅尝辄止的行为对这些大品牌来说，伤害真的是非常大。

这些大品牌在本行业里都有着不错的销售额，但在微商领域里这么折腾一下，不仅没赚到钱反而给他的客户留下不好的印象。真的是得不偿失！

所以，如果你是一个想做微商且有一定实力的传统企业，那么你一定要用点心思、花点精力找一个，甚至一帮能够真正干实事的操盘手来起盘微商。这样就十拿九稳了！

那么怎样去寻找那些真正能干的操盘手呢？

分享我本人的一个绝招，只要三点就可以看出这个操盘手的本事是真是假，是虚是实。

第一，我会看他有没有成功的案例。

所谓成功的案例就是他曾经收到过多少钱；他亲

手组建过多大规模的团队；他曾经招到过多少代理。

千万警惕那些拿别人的案例往自己身上套的人，通过观察他的朋友圈可以看到他过去的招商经历是他自己实干出来的，还是说他只是个参与者或旁观者。

第二，我会看他有没有信心以及方案。

我会看他有没有招代理的信心；有没有收钱的信心；有没有收钱、招人的方案，乃至于他的营销体系。

比如说我现在想用一年时间把团队规模做到过百万，那他能不能拿出一套甚至几套把我们年营业额做到过百万元的方案。

如果他没有这些方案，他也没有这方面的信心，我怎么敢让他来操盘？

第三，我会看他自己敢不敢做微商。

如果这个人一直往前冲，一直在微商圈里摸爬滚打，性格和我又合得来，那么我会觉得对方是我合作的不二人选。

2. 自己起盘——不懂招商胎死腹中

微商是一个门槛非常低的行业，小代理只需要交几十元、几百元就可以加入进来做微商。如果想做品牌方，只需要几万元、几十万元就可以打造一个品牌。

但我见过太多的小品牌方胎死腹中。那么他们是怎么失败的呢？

其实，品牌方会把自己害死的一个原因，不外乎就是不懂招商。

我自己的团队也曾经出去找过一些代理，自己起盘做微商，但做了几个月之后，发现在这个行业里根本没有掀起任何波澜，还亏了钱，并因此导致夫妻分离，最后黯然地退出了这个行业，真的是挺可怜！

自己做微商不像给别人做代理。微商公司的运营看上去挺简单的：订些产品、做点图、发点素材就能招商出货收钱。

其实这里面牵扯许多细节，每个细节又有许多个解决方案。关键是这些现象的背后都要注意对人性的把握，对商业逻辑的尊重，对经济规律的认识，对营销手段的运用等。

如果没有一定的知识和阅历，没有一定的能力，没有一定的格局，没有一定的人格魅力和人品等，是很难做好微商的。所以，各大品牌方最好还是不要贸然起盘。

3. 独狼起盘——格局不够能力不足致死

还有一种失败的案例就是独狼式微商。他不与别人合作，感觉自己能力很强，自己起盘，看起来风生水起。但做过一段时间后发现寸步难行。

任何失败都是有原因的：首先是自己不愿意投入、不愿意请人、不愿与人合作，更不愿意把利润分出去。

因为这些不舍，才选择自己单干。有句俗语讲得好：即使你浑身是铁又能碾几根钉！万事不求人的结果只会把自己害死。

小成功靠自己，大成就靠团队，不与人合作终究难成大事！

4. 愚弄消费者，把自己害死

还有一种微商，他是行业里的巨头，甚至是昔日行业内年销量过十亿元的超级巨头。

他初入微商时用了各种方法，做了各种宣传，也吸引了大量团队，收了大批量的代理和巨额的现金。

但是有一天，他瞬间消失了！

为什么呢？

因为他的产品概念远远超过实际功效，作为这个行业的翘楚和佼佼者，他宁肯花大价钱做营销，也不肯让自己的产品变好一点，可想而知，他的初心并不端正。

这个行业不存在不懂产品的人，既然做了产品肯定知道产品品质的优劣，最后就看自己是否舍得下本钱了。

所以，虽然说微商里没有特别长线的产品，但这种打一枪就跑的行为真的是不推崇的。好在目前微商里的产品质量大部分都是胜过市面上同类产品的，这也是这个行业一直在良性发展并不断进步的重要原因之一。

三

微商产品选择

1. 为了微商选产品和为了产品选微商的区别

曾经有太多人找我咨询，自己的某某产品能不能做微商。其实判断自己的产品能不能做微商很简单，主要看它是否具备微商传播的特性。

微商产品需要考虑的三点有：

受众人群是否广泛

如果不广泛，就看它的受众是否容易开发成交，如果答案是否定的，那就不具备传播特性。

复购率是否能支撑起微商运营

如果一款产品复购周期时间较长，客户购买之后几个月甚至一年都不需要再次购买，那么这款产品就不适合做微商，最起码不适合起盘微商。当然，微商增盘就另当别论了。

是否具备传播的优势

所谓传播优势，就是指客户乃至第三方粉丝看到了会心动，会被感染。

比如市面上红极一时的避孕套、玛卡、女性私护产品，以及食品。

避孕套和玛卡能火起来是因为它们在产品传播优势层面上激发起了人性最原始的欲望，让人不禁联想到了"让自己快乐的事"。

而女性私护产品则赤裸裸地直戳痛点，痛点的背后自然又是最原始的"爽点"。

风靡朋友圈的零食和水果让人看了口水直流，让他们产生购买的欲望和冲动。

2. 打造微商爆款产品的八个必杀技

（一）使用效果能立竿见影

为什么面膜在微商行业里成为常青树，因为它具备了立竿见影的使用效果。只要面膜做得不是特别差，敷上去十几分钟后皮肤就水润水润的。

平时不护肤的人连续使用三天，皮肤就变得水润白皙，让使用者心花怒放。这样做代理当然很有信心。

相比之下，如果你的产品需要坚持使用几个月才"可能"有效，那么客户和代理的耐性早就被磨没了。

就像感冒了去药店买感冒药，回来吃完几分钟后就犯困。然后睡一觉起来神清气爽，头晕发烧、流鼻涕等症状都消失不见了。那么作为消费者，下次感冒第一时间会想起你的药然后购买，并且在日常生活中成为你忠实的宣传员。

（二）复购率高

我曾做过卫生巾起盘。使用效果立竿见影，复购率也高，但是复购周期过长，一般首次购买到复购长达一到两个月。这严重导致销量萎靡不振。

这也是很多大品牌会做面膜和水光针之类的重要原因。一盒面膜五片左右，消费者用一周就用完了。如果不复购的话，自己的皮肤会越来越干燥粗糙，所以自己会逼着自己复购。

当然，还有很多复购率高的产品，需要你自己去探索。

（三）品质相对好

微商经历了几年的洗礼仍旧存活，很大一个因素就是产品质量过硬。这是国家大力打击假冒伪劣和整顿黑作坊的结果，为的是让工厂生产的产品能够拿得出手。

加之品牌方的经营理念越来越先进，也没有几个老板傻到去制造那些粗制滥造的产品来愚弄消费者，害人害己。

我这里强调的品质相对好，是和谁做对比呢？和市面上的产品做对比。

比如我之前操盘过的卫生巾，与市面上大部分卫生巾相比，明显干爽，吸收量明显高很多。比如某大型集团做的清醒喷雾，让开车司机瞬间清醒，拥有吸烟、喝功能饮料、吃槟榔、洗脸等传统方法无法比拟的使用效果。

所以这种产品推广更容易，复购会更高。

再比如说，同是做一款化妆品，你说你的工艺不同，你的原材料不同，你的品牌不同，但是消费者使用的感受都是相同的。那你之前宣扬的所有理念在消费者眼里都一文不值。那些理念变成了牵强的说辞，以后推广之路会越走越窄。

（四）工厂供应链靠谱

没有信心做到行业顶层的小操盘手，可能无法感受到供应链所带来的压力。因为他们没有那么大的格局，没有感受过供应链的影响。

但是我们必须要清醒地知道，供应链会压死微商。

比如，你发布一个新品，前期做得比较顺利，你接了两亿元的订单，那么这两亿元的产品包材、原材料、生产产能，对整个供应链都是巨大的考验。

有些原材料需要进口，船期四十五天。有些包材工厂一年的产能就只有两千万元，你给他一千万元的包材，他不可能丢掉所有客户只做你的产品。

因此，这个行业往往发生这种情况——很多品牌方收了钱但做不出产品，最后被迫退款，代理骂声一片，亏了钱财又损失了声誉。

所以一些行业里有智慧的品牌方，会在生意做大之前就结交一些靠谱的工厂，提前做好准备。

（五）生产原料和价格优势

梅子风靡时，由于树上的梅子都被收购一空，一些人用奈李冒充青梅。这就说明你的选品被原材料所限制。

所以选品的时候，要做好能做多大的预算。想清楚，万一做大了，原材料是不是跟得上。

对于品牌方来说，微商是高利润行业。因为微商虽然省去了渠道费用、广告费用，但是微商的运营成本其实很高。

放眼望去做得好的微商，哪个团队不是几千万元的投入。这些钱都是纯支出，花的是以前挣的钱。

所以如果一个产品没有价格优势，是不适合起盘微商的。因为你会发现，卖了一段时间后，货出了不少，但没挣到钱。归根结底还是因为利润太低。

（六）产品品类属于常销品

曾经有一个做名酒的学员问我，名酒能不能起盘做微商。

微商产品分为两种：一种是顾客买回去会用，一直用，直到用完它。另一种产品是顾客买回去几乎不怎么用，可能存放十年、二十年。

名酒就属于不常用的，容易被客户雪藏的产品。如果用它起盘，难度可想而知。但是如果已有大盘，可以用这种高价值的产品做增盘，那就另当别论了。

（七）产品营销方案有特色

我回顾从零开始做微商的时候，能够迅速做起来，最重要的原因不外乎是营销比较有特色。

我起盘后半年，做了不下十场营销活动，每场活动对团队增量都有着很大的帮助。用我的话来说：折腾不能停，停下来就会死。

很多人对营销方案犯难，经常问东问西，东看西看。其实我觉得他们只是对人性的把握不够。

营销更多依靠分析和实战。我做营销模式的时候也经常模仿别人，规划一下思路，分析一下结果，就可以拿过来用。千万不要左顾右盼不敢下手。

我在这方面有个诀窍分享给大家：做任何活动，都要往最坏处做打算，往最好处去争取。

（八）找到合适的人执行你的营销方案

微商操盘，千军易得，一将难求。

意思就是让你招一千人团队不难，但让你找一个合适的合作伙伴、找一个合适的操盘手却很难。

我总结了两年，得到以下规律：

首先我们需要敞开胸怀，对操盘手以及合作伙伴能够包容和理解，不吹毛求疵。

第二要明确自己的大目标。没有大目标的人整天只会计较鸡毛蒜皮的小事，那样自然没人会和你合作。

第三你和对方能够合得来。在生意场上没有不合格的合伙人，只有不合性格的合伙人。你们合性格，相处就会很融洽，容易沟通，自然也容易得到好结果。

最后，想找到合适的操盘手，还需要我们放下个人利益。

在这个人人都想整合别人的年代，聪明地被人整合也是上上之策。如果你连被整合都找不到人，找不到团队，说明自己能力太弱，实力不够。

很多人觉得被整合很吃亏，其实这事就跟结婚一样。你说是谁整合了谁？谁吃亏了吗？都不是。这是两厢情愿的事，大家互惠互利。

如果你觉得吃了大亏，那就不要去合作，或许对方真的不是你的最佳选择。但最终你环顾四周发现没有一个人能够和你相互整合的话，可能你需要反思一下自己了，是不是你把自己定位太高了？还是你交往的人群水平太低？

3. 微商选品的四个不能碰

红酒、茶叶、艺术品、黄金。

为什么这四种产品不能碰？为什么没有人用它们起盘？

这里揭示了两个现象：（1）价值难以估量的产品不适合做微商；（2）垄断行业不适合做微商。

我之前做过进口红酒销售，感触最深的一个场景是：当你拿着过万元的名庄酒邀人共饮时，大多数人喝完之后都会说有点酸涩，没有超市里卖的烟台产的红酒好喝，也没有 KTV 里面兑了雪碧的红酒好喝。

这个现象说明，当一款产品只有少数人有能力鉴赏的话，那么这款产品就不适合在大众中流传。

你想想一个富豪会在一个普通人手里买价值不菲的名庄酒吗？答案肯定是否定的。

反之，如果富豪去卖名庄酒，对方可能根本不会去判断红酒的品质优劣，单看富豪的身份就愿意相信这是瓶相当不错的酒。

这里强调一下我不是嫌贫爱富，我只是借此来揭示人心和人性，做营销千万不可违背人性。

所以当顾客无法判断商品的价值时，这个商品在微商这个弱关系的大体系中就很难流传了。

再来说茶叶，同样重量的一盒茶叶，有的卖几千元，有的卖几十元。外包装大同小异，茶叶喝起来味道其实也差不多。

这样的商品面对广大消费者，就不符合我们上面提到的"效果立竿见影"，同时价值也难以体现，故此在微商这个弱关系营销的行业里难以传播。

艺术品的价值比红酒和茶叶更加难以评估，而且它的消费人群更为高端，更为稀少，故在此方面，微商中尚未有做得好的。

黄金，虽然价值明确，但由于价格过于昂贵，鉴定成本过高，加之市面上可靠的金店已足够多，所以黄金在微商领域里难以推广。

如果你在微商手里花两万元买个金手镯，我相信你每次看它都会怀疑其纯度。相比之下去实体店买就更加靠谱。

行业内还有用微商模式做石油产品的，道理和卖黄金一样，不是说你的石油不好，而是作为车主来说，我去加油站买石油更可靠、更方便。

所以你在微商里传播的价值感，在现实中就显得微不足道。那么，请问你的未来有多远？

那么是不是红酒、茶叶、珠宝、黄金、石油衍生品就不适合做微商呢？

也不是绝对，只是按照当前大众思想来说，做这些冷门产品非常难。当然，如果你有相关渠道要另当别论。

比如，你是做红酒生意的，你微信上有两千人，那么你完全可以建立四个微信群然后长期输出价值，并用很好的微商商业模式来开课运营。

微商给我们带来的力量是：

工具力量：通过朋友圈传播、通过微信群集中教育、通过微信群批量传达，通过私聊来沟通解释。

模式力量：微商的核心模式有传播、诱导、教育、裂变等，所以微商的力量很强大。但是如果你不懂得其中奥秘，只是照猫画虎地跟着做，结果往往也是白折腾一场。

4. 现有渠道和工具的情况下如何选品

微商领域里，得资源者得天下。

渠道、粉丝都是你的资源，就看你如何变现。

层层筛选是个拥有资源的人必须学会和掌握的技巧。很多人急于求成，想用一招就成交，结果往往适得其反。

营销，就是要耐得住性子去周旋几次。而不是一锤子砸下去，砸跑了客户，伤了自己的根基。

假如你是直销团队的领导者，思考一下，你之前做直销几年，为什么只积累了几百人？因为直销大部分依靠线下会议，组织一次线下会议的周期很长，成本很高，所以这限制了你的发展。

如果你做微商的话，很简单，把所有代理都拉到微信群里开会沟通就好了。让线下会变成线上会，你想表达什么就去表达好了。

没有天生的课程高手，请记住，所有成功都是失败垫出来的。三分学习加七分实践是最好的搭配。

所以如果你进入了我的"微商操盘手联盟"，那么你通过大量的知识积累，加上群里操盘手各种秘籍的分享，你的失败概率就会小很多。

四

操盘手中的『鱼』与『龙』如何分辨

相信怎么找一个好的操盘手是所有想起盘的人共同关心的话题，也是所有人心里的"梗"。起盘，找不到人，不起盘，又眼馋微商这块大蛋糕。怎么办呢？

挑选操盘手的最佳方法：社群觅知音。

我曾经单独约见过很多操盘手和准操盘手，并与他们进行过深度接触和合作，最终总结出大量实用的经验。

其实寻找操盘手和招代理一样，层层筛选即可。

我常用的方法是：

群聊 → 私聊 → 约茶 → 约饭 → 约酒 → 浅度合作 → 深度合作

1. 操盘手一定要是有 "心" 之人

操盘手一定要是有心之人，这里面的 "心" 是多重含义的。

正心：有一些操盘手自己没有出货的能力，也没有组建团队的实力，自己不敢投入资金做产品，只希望拿份佣金用别人的产品、别人的团队当小白鼠，其居心不敢恭维。

信心：作为操盘手，能力和实力都不是最重要的，最重要的是信心，招代理的信心和组建团队的信心。

我见过很多操盘手其实能力不差，但是没有信心做好，只是一味迎合投资方的想法。恰好投资方又多是外行，外行盲目指挥，而没信心的人敷衍了事，公司的未来可想而知。

2. 操盘手一定要是合"性格"之人

在微商行业里，聘请的操盘手几乎可以等同合伙人了。因为这是一个决定公司生死的职位。所以，我们可以用股东的身份来对待他。

这时候，"性格"就格外重要，甚至比能力和实力还重要。

这个社会中人与人相处起初都很难看出人品。所以，挑选合伙人或者操盘手，性格是非常重要的。因为性格在你们以后的相处中起着至关重要的作用。

性格合适的人，你们能很愉快地工作到天明，在这个过程中可以迸发出很多个创意和理念，加上足够的行动力，完全可以加快你们的微商运营。

但如果性格不合，你们一起共事，连快乐都没有，更别说迸发出创意和理念，团队能活下去都是奇迹。

我也见过太多单纯为了利益而拼凑在一起的团队，各怀鬼胎，团队一般都不超过半年就解散了。

3. 操盘手一定要是"合适"之人

如果聘用操盘手，一定要看清楚彼此的体量和实力。小马拉大车或者大脚穿小鞋都会让你损失惨重。

微商行业里操盘手聘用的费用从年薪十万元到年薪千万元的都有，这和公司实力背景有很大关系。如果你是投资方，你想投入多少年薪去聘用这个操盘手？你想在这个期间和这个操盘手联手创造出多少产值？这个必须想清楚，说清楚。

我见过太多老板什么都没想清楚就要做微商，东奔西跑到处找资源，寻觅操盘手。最后浪费了自己的时间也浪费了朋友的时间。

案例一：某院线品牌商本来就有高额的收入，用一千万元的年薪聘请一个操盘手也无可厚非。

案例二：某年流水八百万元的老板想切入微商，季薪十二万元请一个做过微商小团队的操盘手，这样就比较匹配（因为刚好三个月是一个产品的完整起盘周期）。

案例三：某大型企业的一位朋友用很少的薪资请一个"半桶水"的微商操盘手来做产品推广。那就纯属浪费时间。虽然我这个大型企业的朋友属于不差钱那种，但是在微商的投入上谨小慎微得有点过头了，在微商这个行业里，投入和产出成正比可是被演绎得淋漓尽致的。

五

操盘手的一个核心能力和三个附属品质

1. 核心能力决定飞多高

微商操盘手的核心能力，就是学习能力。

不论是独立操盘的操盘手还是职业操盘手，你的学习能力都非常重要。在微商这个行业里，可以说每个人进来的时候基本都是"小白"。

你能够用多快的速度成长为那个"懂微商"的人，你就能飞多高。

第一批微商人，在没有任何参照的基础上都能把微商做起来。

现在微商已经进化到非常规范的地步，现有的技术技巧以及技能都能让你赚得盆满钵满，前提是你能否快速看懂并领悟到别人如此而为的意义，然后用自己的行动去验证这个意义。

2. 附属品质决定飞多远

微商操盘手的附属品质是行动力、专注力和正义感。

行动力

成为一个微商团队的领导人后，很多人都会失去行动力，越来越胆小，不敢行动，拒绝改变。

其实在任何行业里，要么自己改变，要么被改变。自己改变的公司往往能成为行业巨头，不改变的往往被淹没在商海中。

所以，在这个机会多多、方法多多的行业里，你具有行动力，才可能有结果。

为什么这里不用"执行力"而用"行动力"呢？

因为你已经是微商公司的最高层，不是别人指挥你，而是你自己指挥自己。你不是执行者，因此，如果你想带领团队越走越远，就必须要具备行动力。

专注力

微商里面的方法和机会太多。面对这么多诱惑，谁能专注地做事谁就会有成就。

我也曾经面临很多诱惑，甚至在一年内换过十几个方向，换过五次办公室，搬过三次仓库。

最后总结起来，其实当初哪怕瞄准一个最差的方向，努力去做，结果都会非常好。

作为操盘手你会有很多操盘手的圈子，大家经常会在里面分享和分析一些案例。如果你今天去钻研这个命题，明天去钻研那个方法，最终的结果一定是两手空空。

因为在微商行业里没有想出来的结局，只有做出来的结果。

正义感

为什么在这本实用性如此强的书里提出这样一个命题？还成了对操盘手的硬性要求？

因为我见过太多有实力、有能力的操盘手，他们因为缺乏最基本的道德底线和价值观，做出了一些不道德甚至违法的事情，最终没有一个有好果子吃的。被判刑的判刑，崩盘的崩盘，他们无一例外都没得到好下场。

所以这里奉劝所有操盘手，千万不要因为一时的利益诱惑做出有违良心和触犯法律的事情。

六

解析各种微商运营模式

1. 代理模式能发展到的规模

代理模式可以说是微商模式的鼻祖了。最早的微商就是沿用了直销的一部分代理机制，然后在社交圈上快速蔓延发展的。

这种层级代理制的好处是发展速度快，裂变速度快，可以短期内积累大量的财富和团队人数。劣势在于，这种传统的代理模式会让大部分的货物都囤积在渠道里。

渠道代理及家庭亲属成了产品最主要的消耗群体，而非消费群体。因为自己囤了大量的货在家里，如果卖不出去就只能用掉或者送掉。

如果不是因为微商代理囤货，他们是不会花钱买这个产品来使用的。所以久而久之，再大的团队也会慢慢衰弱下去，动作多的公司会延缓这个过程，但是如果没有特别的产品和模式，也难有回天之力。

2. 直营微商的优势

直营微商是近期最隐秘也是最火爆的微商运营模式，以素材部、物流部、财务部、营销部为辅助部门，聘用大量人员驻扎在公司进行微商销售，有统一的培训、有大量的奖励、有科学的 KPI 考核制度。

与之比较，如果直营微商是特种兵的话，传统微商连草莽山贼都算不上，在执行力、凝聚力、影响力等方面，两者都没有可比性。所以直营微商才是微商的金矿。

在你疑惑为什么自己的品牌死气沉沉、代理不听话，而别人的品牌风生水起、广告铺天盖地的时候，那么你看到这个章节估计就该懂了。

答案就是执行力不同，结果就不同。

直营微商虽好，但是大多数传统微商创始人都是没接受过正规企业管理培训的草根企业家。想要转型直营微商，首先要攻克的就是正规公司化管理的各种难题，把传统的人治，转变为法治。

只是在这个转型过程中，很多老微商老板水土不服，邯郸学步，所以会因此倒闭，想要转型的微商人一定要慎重考虑。

3. 直营＋代理模式的玩法

一些大公司，办公场地足够，团队人数足够，就把大量的办公场地分配给团队的代理使用，从而形成了直营＋代理的模式。

现在也有守住传统代理团队又增设直营微商部门

的公司。

不管是免费提供场地，还是花钱建设团队，公司都没有抛弃代理的模式，这也是微商能够发展壮大的根基，用直营来影响线上的代理团队意义非常重大。

需要警惕的是：

免费提供场地的直营

代理没领工资，执行力不够，在家也只是玩手机。在公司只是换个地方玩手机而已，跟在家相比只会多一点微商相关的操作，但其实远远不够。

花钱聘用微商，主要用于建设管理体制

有成熟的管理体制，盈利起来非常快，而且几乎没有风险。如果管理体制不完善，就贸然大批量地聘用直营团队，可能最后不仅出不了业绩，还会损失大量资金。

会销模式让你望尘莫及

微商本就是直销演变来的，有了互联网这个工具后，直销变得更方便快捷，但是直销的核心根本还是会议成交。

那么微商前几年的线上课就和直销的线下起到了类似的效果。只是这些年太多微商代理没卖出货后有些伤心了，于是乎就不再相信微商线上课了，所以线下会议这种模式就变得异常重要。

首先线下会议已经做到了筛选，能到现场的都是超精准客户。

其次现场成交的气氛较好，看到别人踊跃报名，一般参会者也会被带动起来。

然后在会议现场再放出一些利好消息，给些诱惑政策和赠品，让参会代理疯狂起来就很简单了。

所以就出现了某某团队三千人上游艇几日达成巨额交易，某某团队在三亚开场会又进账无数等现象了。

微商团队模式很多，但每个模式都有其优势和劣势。作为操盘微商的人，必须看清楚这些利弊。结合自己的实际情况，迅速做出决策并加以行动。

在微商这个行业里，切不可处处观望，只有思考，一定要行动起来，否则最终只会一事无成。

七

不同规模的微商公司人员配置

记得 2015 年 5 月我决定干微商的时候，我召集了几个股东开会讨论公司转型做微商的事情。股东们都担心赚不到钱，而我的担心是赚到钱之后不知道该怎么花。这听上去像玩笑话，其实并不是。

很多微商公司做到一定规模就无力发展了，甚至出现了大问题。归根结底还是不知道钱该怎么花。

我的微商公司从两个人发展到二十个人，从零开始做到月流水过八位数，其中经历了太多事情。期间我有很多不足，也浪费了很多时间和精力。

下面介绍不同规模的微商公司应有的配置，给大家参考。

小微商公司配备（例如十万级）

十万级的微商公司，算是行业里规模比较小型的公司了。

这些公司就像刚出土的小树苗儿，有点儿风吹草动就能把它摧毁了。所以对于你来说，最重要的事情是"活下去"，而不是其他那些虚的东西。

当然你招商宣传的时候可以带着梦想，可以带着情怀。但是作为十万级的操盘手你心中必须时刻提醒自己，钱在哪里？你的目标除了现金流还是现金流。

十万级公司办公场地无须豪华，有个能安静开课的地方就可以了。

十万级公司的全网推广可以去网上找一篇跟你相似的产品文案，然后把它改成你自己的。去网上花几百元找一个全网推广的店铺，挂到几个网站上给百度蜘蛛抓取关键字就可以了。

十万级公司的美工无须聘请，找兼职或者网上做图就可以了。自己会做图的另当别论。

因为只要稍有能力的操盘手就可以在短时间内把十万元的货出掉。

所以你要想的是下一批货该怎么出掉，下一个微商活动要怎么做，什么时候上新品，下一批代理要如何进来，以及代理怎么成长，公司该怎么成长等问题，这些问题都是循序渐进的。

大微商公司配备（例如千万级）

经历过赚到钱不知道怎么花的困惑之后，我相信很多微商人都会进行一些反思。但能否反思出结果，就见仁见智了。

大型微商公司的管理用目标管理法最合适了。一切为了目标去规划、去安排。

小公司的目标是提高业绩、扩大影响力和团队人数，所以在很多方面的要求都可以放低。但是大微商公司就是要从量变做到质变。

精美的图文、震撼的小视频等，要通过这些耳濡目染的东西来影响更有层次的代理和消费者。

如果你的代理太差，一定是你操盘手太差；如果你的代理够优秀，也说明你这个操盘手够优秀。

　　吸引力法则在微商领域里展现得淋漓尽致，微商的核心动词是影响。你用什么样的素材就能影响到什么样的人。

　　我见过太多小姑娘做微商招了一批小姑娘做代理，也见过更多老男人招的代理是老大妈。记住，什么样的磁场吸引什么样的人。

八

微商起盘步骤及资源分配规划

1. 找到起盘的人

万事人为本。"人"是微商起盘的重中之重,所以一定要找到那个和你志同道合、彼此信任的人。

一个人起盘成功的案例也有,但是你必须做好两年内几乎每天都忙到凌晨五点再睡觉的准备。这几乎是用生命在换取微商的成功。太多微商团队都是忙到凌晨五点才睡觉。本人也是其中之一。

在创业的路上一个人行走是孤独的,最好有志同道合之人。或者聘用,或者合伙。

合适的人会成为你事业的加速器。反之,遇人不淑将会成为非定时炸弹。他随时有可能把公司高层搅得乌烟瘴气。

2. 找出产品

通常我会给微商产品分为两大类：

体验感不强，但是概念和噱头很好打造（如减肥、排毒类产品）

做此类产品的操盘手需要清楚地认识到一点，这种产品可能很难让人瘦下来，那么你需要怎样继续推广这个产品？

你要清楚地知道销售更多靠的是精神力量而非产品本身的实用价值。

体验感强的新品（如卫生巾、喷雾类产品）

卫生巾的体验感可以说是超强的，用了就知道它是有多么干爽、多么舒适。只是复购周期太长，长达两个月。而且每人每年只消耗十二个周期。还有，人们谈卫生巾脸红的这个现象，对于卫生巾的微商推广造成了一定影响。

喷雾的体验感很强，客户喷了很有感觉。但由于产品很新，很多用户过于谨慎，所以不敢大大方方地使用。这对喷雾的效果产生了一定影响。

但是不难看出，像喷雾这样体验感很强的新品很容易成为微商中的爆品。能抓住机会的人往往能独得先机。

3. 找到市场

我所指的市场是，你要知道你的客户在哪里。千万别幼稚，别和我说地球人都是你的客户。你必须清醒地认识到你能影响到的人才是你的准客户，你能成交到的人才是你的客户。

比如你能影响到三千个微信好友，最后成交率达5%，那你就有了一百五十人的基础团队。然后再用这一百五十人进行裂变，结果可想而知。

我起盘微商的时候只有几百个好友。第一批代理有二十六个。一个月之内裂变到四百人，不到三个月裂变到两千人，半年后团队人数就过万了。

4. 开始行动

不管你微商盘多大，你都必须清醒地知道你的钱是怎么来的。

比如你公司走招商之路，那线上课无疑就是来钱的地方。所以你必须把主要精力放在线上课上面。

其他的所有东西（比如公众号、全网推、关键词、小视频、实用视频、大咖见证、图文素材等）都是辅助，都是工具，都是给你招商收钱提供动力的。

如果你线下会成交，就另当别论了。你的分佣机制，你的邀约团队，你的会务团队，你的讲师等都是你成败的关键。

九

招商形式

招商，是微商运营的重中之重。不懂招商就别谈微商操盘了。招不到代理的人，或者不敢招代理的人，奉劝你不要去接盘或是帮别人操盘。你这样不仅害了自己的职业生涯，而且浪费了别人的投资和信任。

1. 行业大鳄招商

　　因为你是大鳄，你有实力，你完全可以任性，可以不走寻常路，可以少走弯路，但是你不要把自己做没品了。

我见过化妆品工厂老板在建厂初期就开始在高端社群发红包圈操盘手资源的。每次红包都是两万元一百个，发了几个月，几十万元。

这其中很多操盘手和品牌方都纷纷加为好友了，至于后期的相处和合作，大家就可以想象了。

还有顶级供应商大量对接团队铺货下去打市场的，在本书开头就已经说过。

种种案例表明，有钱好办事。钱能解决的问题都不是问题。尽可能不要浪费时间在周旋上，能花钱搞定就花钱搞定，这样才能迅速抓住先机。

行业大鳄招商一定不要单打独斗，至少五个团队、十个团队一起铺下去，这样至少会有一个团队能成长壮大。因为成功率也就是20%左右。低于五个团队你很可能全军覆没。

行业大鳄招商更多需要做的铺垫，是给各个团队提供大量的素材文案什么的，以及要对各个团队操盘手有一定的引导，否则团队操盘手就跑偏了。他的团队没了，你的市场也就没了。

2. 新起盘小微商招商

作为一个小微商，你必须清醒地认识到自己的位置。没有大量的资金支持，就只能靠实干了。

"梦想"永远是最廉价但最有效的营销工具。如果你造梦造得好，招商完全没问题。只是如果你自己都不相信"梦想"甚至把它当作套路，你的微商生涯恐怕会很快结束。

小微商招商最好用的就是线上课，因为只有在线上课里你的实力才不会露馅儿，才最适合你贩卖你的梦想和情怀。

线下沙龙适合你到处寻访。比如代理那边组织了几十人你过去讲课。因为代理在本地组织的沙龙，不论格调高低它和你只产生间接关系。

3. 直销转微商招商方式

直销转微商是最好干的一种形式，也是发展最快的一种商业模式转换。

直销转微商的第一步是需要在直销团队里面找准几个核心骨干进行私下引导。成交几个核心骨干之后，组织大量的直销人员进行会议宣讲。

无论线上线下，效果都会非常明显。相比微商宝妈团体，直销人的队伍执行力和素养都非常好。嫁接过来做微商的力量会异常强大，后劲儿十足。

但是转化直销团队时，要警惕在自己人手不足的情况下贸然开会。因为没有足够已经被转化的人，如果会议上大量代理奋起反对，你就全军覆没了。

作为操盘手，你需要知道人都是从众的。五百人的队伍里你影响了五个人。这五个人每人再影响五个人，那就有 5% 的人会替你说话。这样开会的时候，氛围就会很好，气场就不会破，不容易出现意外情况。

所以这里又透露出微商的一个核心动词"影响"，

你能影响多少人，持续产生多大影响力，你就会拥有多大的市场。

4. 会销招商

会销招商一直是非常有效的招商方法。一场会的成交额比许多人一年的收入还要高，这不禁让很多拥有线上团队但业绩惨淡的微商人直吞口水。

操盘手最好跟着会议团队去做几次会议，当主持人或者讲师。这样几次下来之后你就能看懂我下面的话了。否则你恐怕很难理解。

已有团队的微商是最适合导入会销模式的。但是切记不要什么事情都自己做。

会销最重要的几大块商业模式：设计、邀约、讲师、音控、会务现场控制。

这些环节如果都逐步建立的话战线太长，时间太久，变数太多。很有可能你整个体系还没建立起来，你自己的团队已经被你当小白鼠做实验耗光了。

所以想做会销招商的，一定要付费聘请专业团队或者找专业的人合作。

日化行业内有人转型微商，第一件事就是花了七位数聘了一个顾问。

这个顾问也很给力，对接了一支会销团队，然后开了三天的会议并获得九位数的收益。

这些数字背后展示出一个企业家的魄力和格局。这里也奉劝一些操盘手，如果一个企业家只向你"请教"，但从不开价，可能你就没必要和他谈了。把自己的精力放到有价值的人和事情上会更有意义。

5. 地推怎么做

首先作为操盘手必须清楚地明白这些问题：（1）知道为什么要做地推；（2）自己的产品是否适合地推；（3）地推流程。

为什么要做地推？

很多传统微商做地推根本不是为了卖货，而是为了影响线上。

传统微商大多靠贩卖梦想和情怀来招代理出货，那么是不是有了梦想和情怀后代理就能有销量？

答案绝对是否定的。

你像营销大师一样口若悬河地在微信群里一顿胡吹，代理拿货了，回去之后卖不掉。他们发朋友圈了没用，群发了也没用，私聊了还没用，导致不断地受打击。

为什么？因为大多数微商的代理都是非专业营销人员，根本不懂销售，不懂消费者心理。并且自身身份也不适合做销售，导致信任度不够，产品自然销售不出去。

这个时候聪明的团队长就会给代理制造希望了。因为代理商看不到希望就会大批量地死掉。

所以，地推更多是给代理做出一副看上去还不错的假象，然后劳民伤财地让代理继续花钱做展架和各种道具。最后把原本轻松的微商变成"摆地摊微商"。

后果可想而知，都是失败告终。所以说传统地推都只是微商团队覆灭路上的一针强心剂而已。

自己的产品是否适合地推

我在旅游景点遇到过卖香皂的微商做地推；在海边草地上遇到微商送花环吸引粉丝的；遇到过趁着上下班人群高峰，在寒风中瑟瑟发抖摆摊卖卫生巾的微商；遇到过在小区门口搭帐篷卖洗涤用品的微商……

绝大多数微商都是以失败告终，不了了之。

因为他们卖的东西别人都不缺，即使缺了超市也有卖，网上也能买。那为什么要买地摊的呢？

相对来说，摆地摊的东西和超市里的产品，哪个更有信任度呢？肯定是超市里的。因为同为陌生人，超市更值得信赖。

在微商里你能卖出东西是因为在微信上沟通的时

候你们的关系能从陌生人变成熟人，关系发生了变化才促成交易。

想一下你有哪个代理加了好友后就一言不发直接打款的？没有吧。这就很明显地说明了一个道理：陌生人几乎不会买微商的东西。

所以，同样是陌生人，线下摆地摊就更不会有销量了。

地推流程

我不建议大家用地推的噱头去圈钱，所以就不教大家如何做地推布置了。

但是产品适合的话，还是可以用地推去圈粉。

比如指甲贴就是一个很好的东西，几元的成本就可以帮别人美甲。在几分钟肢体接触的过程中人与人产生了信任和好感，然后顺手加个微信。这为以后线下聚会和发展本地团队打了良好的基础。这就是个很好的方案。

但是切记，这个地推也是营销的一个环节，一个工具，而不能靠地推来获利。

地推第一步，定位自己的地点。比如做美甲贴，选择有手机贴膜的地方，那就是最完美的地方。

你还需要搞清楚相应的法律法规。不要被城管没收了物品。最好找缴费的固定场所。记住，有投入才叫生意。

地推第二步，基本的物料准备，桌椅、X展架等。

地推第三步，很重要的一步，就是最好有人和你搭伴。

如果自己一个人，相信很多人难以克服摆地摊的心理障碍。要让代理知道，有个伴儿的感觉是很好的。

还有更多地推相关的技巧，需要在实践中摸索，相互学习和探讨。

6. 直营店和体验馆的玩法

直营店和体验馆是微商盘子中的重要棋子。既然是棋子，会下的人才能赢，不会下的人满盘皆输。

直营店和体验馆，本身的盈利能力都一般（特殊产品模式除外），但是直营店和体验馆有两大功能：

（1）把有实力的代理筛选出来了。

（2）让有实力的代理看到希望，踏踏实实去努力。

这两点运用好了，直营店或者体验馆在全国开个几百家，哪个公司都会赚得盆满钵满。

但是如果公司后劲儿不足，发展缓慢，代理开了直营店和体验馆之后，也会很快调整经营方向去做别的产品。

你不能给他带来持续的利润，将来被骂的还是你自己。

行业里甚至有把直营店开到遍地开花，最终去美国纳斯达克上市的微商公司。

所以如果你觉得自己的实力和能力都够的话，可以玩直营店和体验馆模式。迅速铺开，迅速变现，迅速爆红。

如果你做不到，那千万别碰直营店和体验馆，因为这都是烧钱的东西。烧了代理的钱打造了一个梦想的载体，但一定时间后梦想破灭之日也是你崩盘之时。

7. 线下沙龙收心收人收钱

小到各个小团队的小型线下沙龙，大到自媒体人自己开的年会和饭局等，都是收人收钱收心的好事情。为什么？

因为微商本身就是人与人基于社交工具而联结的一个情感生意。但是线上沟通得再深的情感也好似夫妻两地分居一样难以结出果实。

唯有见面才最容易让人们放下心理戒备。比如你们在谈一个几万元的项目，可能在没见面的情况下就打款给对方了。但是谈大生意，恐怕都要见了面，甚至调查了彼此很多资料才敢最后拍板。由此可见见面的重要性。

线下沙龙的意义还在于，微商本身就是层层筛选的生意。线上筛选虽然效率很高，但是准确度很低，因为通过手机屏幕可以判断的东西太少了。

作为操盘手的你，需要更多高端人脉和圈层。那么线下沙龙刚好给你提供了这个机会，你可以通过线下沙龙找到志同道合之人。

8. 圈层招商不为人知的秘密

经常看到某些质量不低的社群里总是只有那么几个人在说话，剩下的几百个人在"潜水"。

但是聪明人都知道，说话的人都在抢资源，"潜水"的人总是默默地把说话的人加为好友了。加完之后看了对方几天朋友圈之后就默默地掏钱了。

这就是圈子营销。

很多微商不愿意在群里说话,不愿去表达自己,不屑于去慢慢影响别人,盲目崇拜那种所谓一棒子打死一批的成交术。岂不知万丈高楼平地起,沧海浩瀚源一滴。

9. 什么人适合视频直播招商

视频直播招商也是近年来盛行的招商方式。

首先产品适合粉丝群体、直播的播主有足够的粉丝基数就可以开播了。

直播的优点在于能更好地展示你自己。

相同的课程,如果在微信群用语音讲授最终成交率能达到 10% 的话,那么相同的客户群,通过直播观看课程之后的成交率至少有 30%。

直播能更好地展示讲课老师的言谈举止,给粉丝最直观的感觉。

直观带来信任，信任促进成交。

但是不建议没有直播基础的人去直播招商，因为大多数直播平台上的粉丝都不是微商，他们的目的不是赚钱而是去娱乐的。如果你没有直播基础去直播招商，就好像你拿着项目计划书去游乐园到处找陌生人谈生意一样滑稽。

有条件的微商起盘时，如果产品和大众有一定关系，比如彩妆、衣服，就可以找一些粉丝资源比较好的网红，进行直播零售，甚至招商都会有一定的效果。

因为有相关性，群体符合，粉丝忠诚度够高，就好比你和生意伙伴一起去了游乐场边游乐边谈项目，一样的道理。

10. 线上招商课的四种形式

直接招商型

直接招商，一般比较适合团队小代理，因为招的级别往往很低，所以无须绕弯子可以开门见山地聊。

当然成交率往往不高。但是由于很多代理都在做这个事情，整体的成交量还是很可观的。

活动后成交

活动后成交，属于迂回战略，不以成交为理由进行社群组建。

比如以 PK 赛、学习群等形式组建的社群，经过几次预热之后就或明或暗地成交代理，效果往往比较理想。

个人情感式的自我营销

产品几乎不怎么讲，主要靠个人故事去激发大家的激情。大家认为这个群主真不错，或者真可怜，或是真值得敬佩，那么自然很愿意支持他的事业。他卖的东西，大家就当帮忙也会买。

层层筛选的课程

通过免费，或者通过收取越来越多的学费来筛选出一些优质客源，再进行成交，这样达成的成交率是最高的。

11. 适合自己的才是最好的

很多人喜欢问我开课的课件该如何写，其实我觉得很简单。

自己想表达几个点就围绕这几个点来写就好了。比如我就比较喜欢通过个人层面、产品层面、公司层面、行业层面这四个方面来做分析。核心就是要让对方知道，我是最适合你的。

就像找对象一样，你可能不会找一个最有钱也不会找一个最好看的异性作为伴侣，但是你一定会找一个你觉得最适合你的人。

微商招商课的核心价值观就是在对方心里树立一个观念，那就是你是他最合适的选择。

所以，用你的心去感受、去思考你要怎样说服对方，让对方觉得你对他来说是最合适的人选，你的产品是最适合他的产品，你的公司是最适合他发展的公司，微商行业是最适合他发展的行业。

切记不要骗人，自己要能感受到这些美好，才能让别人感受到美好。如果你自己都不相信微商能造福人民，那么你怎么能让别人相信你？

十

代理利润分层及奖励设置

1. 高利润到底该给谁赚

微商所有的钱都是从价格表里出来的，因为你所有的成交必须遵照价格表。所以在我眼里是，价格表定得好，宾利开得早。

传统微商往往愿意把高利润给最低级别，最高级别则走量。

我经过多年的探索，觉得利润留给谁这个问题要看微商起盘的阶段。不同阶段用不同的利润分配形式是最合适的。

比如，起盘初期，追求代理数量，希望把团队基数做大。这时候往往招到的代理很多都是低级别的。为了配合低级别的代理，可以把价格表设置为低级别从而使利润达到最高。

简单来说，价格表的利润差应该为招商服务。

不难看出，后期增盘的时候，价格表的更多利润就需要设置给高级别的代理了。这样大家才会努力地往上冲，才有动力和干劲儿。

至于低级别代理的低利润，其实很简单，就是无论开大课、小课都去宣传一下。

低级别更重要的是学习和成长。因为本身手里就几百元的货，不要本钱全部卖掉也就是一千元左右，能致富吗？肯定是不能的。

但是在低级别的时候学会了很多微电商运营的知识，不仅强大了自己，也把自己级别升高了。这时候代理发现利润很可观了也不会后悔。否则，前面低级别赚了点小钱，后面自己级别高了，反而赚不到几个钱，成了可怜的搬运工。

这些理念倡导了之后，其实大多数代理都能理解公司的做法。理解了自然能看到利润在高级别那里，自然也就愿意升级。

2. 没有完美的价格体系只有适合自己的方案

对于价格体系，很多公司根本不敢动。

没有章法胡乱制定一通肯定是不行的，但价格表的适当调整非常有必要。

很多人邯郸学步式地模仿别人制定价格表，自己也说不出个子丑寅卯来，完全凭感觉。这种做法严重阻碍了自己团队的发展壮大，甚至在招代理方面也遇到了障碍。

试想，如果你连自己的利润空间都记不住，是不是障碍重重？

所以一个合理的价格表应该一目了然。不仅一眼能记住每个级别的利润差是多少，而且高级别在价格表上能体现出诱惑。而不是仅仅把量做上去了，级别高了利润反而更低了。

3. 奖励政策定得好，代理才不容易跑

这里只提两个奖励政策。

最高级别平级奖励

很多团队有最高级别代理不让下面代理升级，就是因为下面代理升级到最高了之后，和自己平级了，自己就赚得少了。

所以我们在制定代理价格表的时候完全可以把最高级别的平级奖励设置得比最高级与下一级代理的利润差还高。这样顶级代理就不会阻止下级代理升级了。

平级奖励、返佣、分红类似这种奖励一定要设置年结算

我们可以选择月结算 50%，累计年底再结算另外 50%，这样更能增加代理的黏度，增加了代理跳槽换品的成本。

十一 ▼ 这八个因素每一个都能使微商公司崩盘

1. 不闭环的营销模式

微商本就是一个虚实结合的移动互联网商业模式。单靠产品本身价值很难把产品卖出去，所以就植入了大量的营销手段和噱头。产品变成了实现这些营销手段和噱头的载体。

在代理心目中，招商政策和营销手段都等同于承诺。虽然很多微商公司都会在用词上加以回避，但是对代理的引导还是达到了承诺的效果。甚至有些微商公司在内部营销课件上明目张胆地教代理向客户"狠狠地承诺"。

真是触目惊心啊！

一个微商公司的招商承诺，很快就能换来数以万计宝妈手里的大叠钞票。但是，不能闭环的承诺或营销噱头，会让宝妈很快发现根本不是那么回事儿。

然后，人们就不再相信你了，甚至不再相信整个微商界。这也是近几年大家都抱怨代理难招的重要原因之一。

代理都被"忽悠"怕了，不再相信承诺了。

典型的承诺莫过于：（1）送流量；（2）送代理；（3）发工资；（4）躺赚；（5）包退；（6）清货。

送流量

送流量顾名思义是要求代理拿货到某个级别，然后送流量给一些粉丝或者意向客户来让他们做代理。

这里有一个关键点是，代理的成交力是否足够。如果这个代理有一定的成交力，那么不需要送流量也可以做起来。如果这个代理成交力不足，送了流量给他也无法成交。

所以，当代理冲着有流量送而加盟某家公司做微商之后，几个月后就会发现当初所看好的"送流量"营销模式并没有给自己带来业绩。于是乎就放弃做微商了。

送代理

这招更狠，直接分配代理给高级别的微商。

等同于你只要花钱拿了高级别，哪怕你自己没有招到代理，没有卖出货去，分给你的代理都可以拿货，让你赚钱。

这个诱惑太大了，导致很多代理拿着几万元、几十万元去升一个高级别，甚至瞒着家人举债、贷款、办信用卡套现升级。这个模式看上去完美，其实隐患更大。

隐患 1：水土不服

由于送的代理并不是他本人成交的，加上管理能力的差异，沟通能力的不足，最终导致送的代理也大部分成了不动的"地板砖"。

可以说几乎是送多少，就"牺牲"多少。

隐患2：成交乏力

想要有持续的代理送，就必须持续地成交，在微商目前这个状况下，根本无法持续做到大量成交。

所以，这个模式必将因成交不足而变成一个彻头彻尾的噱头，分个几次代理就没办法做下去了。

隐患3：抢代理

想要成交之后送代理，必须做大量的社群裂变，这就需要全体代理一起努力去做社群、做课程。但是成交手把成员分下去后，大家会发现自己的粉丝被成交手分给别的代理了，心里自然有些不满和怨气。

短期内，想得到分成的代理不敢吭声。时间久了，代理分不到粉丝了，就会把怨气爆发出来，从而影响整个团队的凝聚力。

发工资

很多人不敢做微商是因为害怕收入不稳定，对自己没信心。一些操盘手洞悉到了这个心态之后就制定了发工资模式。要求代理做到某个级别就可以有条件或无条件享受工资待遇。

一般都是有条件发工资，比如每月做多少销量。

但即使代理的月销量利润足够发工资，也无法持续下去。因为微商本身就是靠每个代理的奋斗支撑整个公司的业绩。

发工资本身的财务支出可能不会让微商公司的财务体系崩溃，但却因为"发工资"这个事情本身给代理带来不劳而获的感觉。

用这样一个名头吸引了大量想不劳而获的人，不知不觉招到的代理就全是"地板砖"。

躺赚

很多代购、平台，都特别喜欢宣传"躺赚"，让新手代理觉得加盟了这家微商公司赚钱很容易。

按照"大锅里有，小碗里满"的原理，大家会以为这些加盟商或多或少也是有一定经济实力的。然而事实却恰恰相反，大多数平台上的加盟商不仅没有得到应有的回报，反而越做越穷！

究其原因，是平台一边为加盟商输入诱人的"管道理论"，放大你的梦想，使你贪婪之心顿生。

同时又为你输入与之相悖的理念——"赚钱不是最重要的，世界上比赚钱更重要的事情多得多。"

比如亲情、爱情、友情、责任、孝心、健康和快乐、提升个人能力和做人，等等。

当你的脑子被灌进这么多重要东西后，你在该公司赚不到钱就不会怨别人，因为你已经心甘情愿拿出3～5年甚至更长时间，泡在这样的公司学习他们提出的所谓很重要的理论。

你期待着成功，因此你自然就不会去分析和对比公司与公司之间的运作模式的差距、奖金分配制度、产品性价比、分销层级的合法性……

你更不会深究不赚钱的根本原因，你被平台所谓模式、渠道、一件代发、无须囤货、轻松赚钱等理念长期"忽悠"后，几乎忘记了你做微商的初衷是什么。

平台商的"理念"把你塑造成了帮他们免费打广告的工具，而你并未觉醒，"赚钱不是最终目的"已经让你偏离了初衷方向，把打广告当成了你人生的第二职业，或者干脆把它当主业，天天打、夜夜打。乐此不疲！

如果把所有的问题都放到发展中去解决，那就都不成问题。因为发展才是硬道理，赚钱更是硬道理。

只有赚到钱才能治"百病"！让每个活跃在市场的代理们都赚到了钱，他们除了感恩之外，还是感恩！

那些一根筋地死抱着"无须囤货，一件代发，平台支持……"的理念而拒绝了解其他公司的微商人，真是悲哀！

这种人只有两种心理：

一种是完全不懂商业模式，不懂移动互联网，也不懂消费者心理，被平台商用所谓的"一件代发、商城就是你"的理念忽悠而丧失了理智的人。

而另一种就是明知道自己被忽悠了，但为了自己的业绩和收入必须继续忽悠别人的人。不知道被这样的人影响着的公司能走多远？

曾有一位年过半百的人，在某平台上拼了三年后仍一贫如洗。当问他让他不计报酬、负债经营并坚守了三年的原因是什么时，得到的回答竟是："公司的培训真的很好，在里面学到了很多有用的东西，比如首先学会了如何做人……"真让人啼笑皆非。

都五十多岁的人了还不会做人？还非要去到某平台掏钱学做人？难道已经过去的五十年里，你都不是在做人？

这个世界上确实有很多重要的东西，需要我们用智慧把它们分门别类、理清顺序。

当你选择做微商时，你一定要把心态放在首位，因为微商就是个生意，即使你在做健康产品生意时也不能把所谓的"健康"放在首位。

因为赚钱和健康是两个不同的概念，都是人生中缺一不可的。

当你身无分文时，即使你生命垂危住进医院，医院也不会为你免费治疗。到那时你的生命和健康又有谁来为你保障？

钱是激励人们奋斗和创业的兴奋剂。

当你有了钱，才能解决你人生中遇到的很多重要问题。

你说赚钱不是最重要的，顺序千万不能搞错。有资格说这句话的人，应该是个亿万富翁而不是我们平常百姓。

这句话出自一个常人之口显然是在误导别人甚至是欺骗别人。在行业里如此复制下去，只能说复制了一个最大的谎言。

如果公司没有准备好让大家赚钱的制度和工具，整个网络将会迅速塌陷，坐在金字塔尖上的你一定会被摔得很惨！

要想自己不被摔得惨，唯一的办法就是赶快让你下面的朋友们赚到钱。要想公司发展，永续经营，一定要让自己的经销商有普遍的赚钱效应。

当一个公司看不到几个人在赚钱，大多数经销商快沦为难民时，公司等于坐在火山口上，非常危险。

这时就不要在不该停留的地方停留太久，不要在错误的地方寻找正确的答案！

纵使诸葛在世有回天之术，也难逆势而为。人生抉择在于与时俱进，善识时务借势创业才能事半功倍。

今天不再是英雄主义的战争时代，而是商品过剩的消费时代。微平台运行了这么久，大部分加盟商为什么越来越穷？

因为平台上的产品价格高得出奇，普通人难以接受，连推广人员自己都消费不起，别人怎能接受得了？怎么推销市场？

卖不出去就没有收入，怕产品过期于是打折甩卖一部分。所以就越做越穷！

现在部分平台上已经形成了一种不良风气，卖不出去没业绩，没业绩就没收入。于是代理干脆自己买下这些没用的产品囤货，囤久了资金跟不上就只能半价销售。

如此以往下来，把存款变成了存货和负债。于是部分平台公司培养了诸多"观念超前"的穷人。

市场经济的残酷竞争，劳动力过剩，有太多不愿意打工想自己创业但又苦于没有创业资金的朋友，所以就在微商界寻梦。到处都挤满了追梦的穷人。

综上所述，平台商赚不到钱的原因，可以归为以下几类：

（1）心术不正只想赚钱，根本没考虑产品性价比甚至真伪问题。

（2）只靠刷朋友圈等推广模式只会让分销商们生意冷清，甚至损坏其人际关系。

（3）平台利润分成太多，这样既导致产品价格奇高没人买，又导致过多分成涉嫌传销。

（4）无须囤货，下面的分销商就没有压力，随便做做的人居多，频繁换人影响整个平台。

（5）无须囤货就导致推广的人对产品不专业，生病你会找个不懂医术的人给你诊断吗？

（6）价值观扭曲，宣传推广的人只为利润不管别的，如此利欲熏心的一帮人必定会将整个平台毁灭。

作为一个有良知的操盘手应该告诉微商选择微商是正确的。但是微商成功的必备因素一定不是平台商所具备的。

今天放点干货告诉大家成功的微商需要什么必备条件：

（1）必须有导师——厉害的导师就是你成功的保障。

（2）必须有好货——性价比高的生活必需品。

（3）必须认真做——幻想只靠发朋友圈发家致富的请绕道。

移动互联网时代新模式层出不穷，各种命题及伪命题比比皆是，但偏偏有那么多头脑不清醒的人去做小白鼠。

制造这种模式的人可恶，相信这种模式的人可恨，坚持这种模式的人可悲……

该觉醒时就觉醒，苦苦硬撑真不行。别让你的犹豫浪费了宝贵的时光。

做平台亏欠不可怕，可怕的是你是那个相信不劳而获的人！

包退

能打出包退口号的微商公司，恐怕是营销手段都用完了才出此下策。

微商本身是生意，当代理把它当作生意的时候，自负盈亏就成了理所当然的事情。当微商公司承诺了包退，无形中就把责任转嫁到了自己身上，对代理是一个很不健康的引导。

更何况很多微商公司根本做不到包退，而是"有条件"包退。最终能退回去的代理，也都是损失惨重。

清货

我帮助新晋代理做过清货，得到的数据几乎 80% 是群发反馈。但大多数反馈的兴趣点在于，如何把自己手中的货清掉，而不是去买你清的货。

虽然最后还是圆满做完了一次清货活动，但是公司付出的精力、整个团队付出的精力，都是巨大的。就整个清货活动本身而言，宣传意义更大，实际意义并不大。

更有甚者用清货这个噱头来收费，收了费并不能帮别人清出库存的微商产品。

归根结底，清货也是一种销售。如果一个人没有销售能力，又口口声声地说能帮你清货，你就应该警惕了。

2. 和代理互动太少

微商带团队犹如小伙子谈女朋友，一个女孩最终能否嫁给你的决定性因素可能并不是你的财力、相貌、才华等，而是你是否有更多时间陪她。

所以微商团队的互动是决定一个团队能否持续发展的重中之重。

这里包括几点需要注意的：（1）问题互动；（2）课程互动；（3）话题的引导。

问题互动

所有微商团队都会有很多代理，每个代理都会有很多问题，但是绝大多数普通代理都不会提问题，甚至不敢提问题。有些代理私聊提问，但是在群里不敢发言。这类现象非常普遍。

作为操盘手，必须给自己树立一个百问百答的形象，让代理知道有问题找你就能解决。这是在给代理树立信心。

如果代理找你好几次还得不到满意的答复，或是在群里问问题没人回答，都会感觉失望。

对于这种情况，我们可以特意安排心腹代理在群里经常提问一些通用问题，也可以故意安排心腹代理在群里回答问题。这对代理会是一个正向引导。让代理知道有问题应该常问，也让代理商知道任何人都可以回答问题。

课程互动

微商起盘后会很快遇到团队人数瓶颈问题，所以当团队达到一定基数后，你要分级别和分类型地对代理进行培训。

虽然可能没有很多代理在你的培训上进行线上互动，但是，如果你长期不开课，代理就会心慌。

并且，所有成功的团队一定都是大量课程支撑起来的团队。微商运营可以说是课程质量＋课程数量决定未来。一个优秀的讲师是团队的无价之宝。

话题的引导

我见过很多代理群里的故事高手和课程专业户做的培训，经历了几年的微商运营后我总结出来的结论是，再好的话题和课程，如果不能落地执行的话，都会变成空中楼阁，所以有结果才是王道。

比如公司在做群发活动的时候就讲一下和群发相关的内容，因为大家在行动，所以所有的故事和课程都具有指导意义。

再比如公司在做粉丝裂变的时候，就讲一下粉丝心理学、女性心理学、裂变技巧、社群管理等相关的内容。这对大家的行动起到一个很好的促进作用，而不是光讲不练，并且不会因为主题跑偏把代理的注意力分散到其他地方去。

3. 进代理的速度慢

作为操盘手，必须清楚地知道代理的信心耐受时间大概是三个月。你开盘一个产品，定好了模式和政策，然后招了一批代理。这批代理在不能迅速卖出产品并壮大团队的情况下，最长能坚持三个月，那之后信心就没有了。

这时，代理虽然没有退群，也没有抱怨，但是慢慢你会发现群里已经没人说话了。

所以作为操盘手需要做的事情有三件：

（一）新品迅速跟上

微商做了这么多年，大家都看到一个现象，那就是没有一个产品能够火过一年。能火起来的产品，半年后就不做了。

如果继续做，恐怕品牌方要积压很多库存。除非你只是想体验做代理的感觉后就放弃不做，不然，你必须持续上新品。1～3个月内必须上一款新品，否则即使团队还在但是人心已散。

作为操盘手，不是仅仅能够招到代理那么简单，供应链整合也是一个非常重要的环节。否则你出的产品性价比不高，实用性不强，代理肯定很难招。

哪怕你给新品赋予足够的概念，但是概念终究是概念，像泡沫一样不会长久存在，当概念这个泡沫经过了阳光的照射（市场的考验），很快就破灭了。那个时候也是你的团队崩盘之时。

新品的迅速更新需要注意以下几点：

（1）老产品库存规划，不要做太多库存，不然没钱出新品，老产品压在那里，赚的利润都变成了库存。公司终将会被库存压死。

（2）新品出货前的宣传铺垫，铺垫好的微商公司可以用新品的设计图招商，铺垫不好的微商公司新品出来了，老代理也不买账。

（3）新品品质必须过硬。

我曾经试图做一款新品眼霜。工厂打样测试的时候试用装出了问题，导致参与测试的200多名核心代理集体过敏。最严重的一个人面部红肿，疼痛难忍，半夜去就医。

如果不能保证产品质量，后果不堪设想。

还有一个案例是日化行业巨头进军微商业，做了一款品质不敢恭维的产品。虽然招商会靠造势收了一些钱，但是之后很快就覆灭了，灰溜溜地退出微商界。

可想而知，作为操盘手，如果你明知这款产品概念性太强但还执意去做的话，那么你就必须做好短期内崩盘的准备。

（4）多结交一些操盘手朋友，多接触一些工厂，相处久了之后你会发现很多行业秘密，慢慢地所有问题都能够得到解决。

（二）代理迅速增加

上面已经提到，微商是大部分人赚不到钱的一个行业。那么在你团队里的大部分代理都赚不到钱的情况下，你想让代理行动、发朋友圈、群发、造势、听课等，就需要让代理有信心继续做下去。

只要团队在进人，哪怕代理本人没卖出去产品也没招到代理，也会清楚地看到别人的成长和收获，从而不抱怨你，不怨恨你，甚至继续跟你前行。

（三）新模式迅速跟上

新的东西总是让人动心。新手机、新车、新房子，因为是新的，有很多全新的体验和机会，所以能够振奋人心。

同理，操盘手在操盘过程中，也需要新模式。但是，作为操盘手必须清楚地知道自己的模式能否闭环。

上面已经讲过，不闭环的模式几乎等于诈骗。所以，作为操盘手，虽然知道承诺能带来销量，也要慎重许下那些不闭环的承诺。

这些方法都是让代理哪怕在自己没做好的情况下也会因为看到别人做好了、赚到了，从而认识到自己的不足，不会埋怨公司。认识到不足后，加上团队的培训，代理升级或者拿新品都不是问题，关键是信心没丢。

如果代理自己的货没卖出去，看到别人也没卖出去货，心里就会很慌，觉得产品不好卖，公司制度不好，模式不好等。因为大家都没卖出去，慢慢地，大家都不做了，团队就散了。

4.核心骨干流失

微商是流失率最高、忠诚度最低的一个行业，没有约束可言，也没有明显的道德界限。而且这还是一个盈利特别明显的行业。

当核心代理的实力很强，拥有自己的批量团队的时候，代理完全可以自己出新品，出了新品自然就会赚钱。这个时候，需要警惕核心代理的流失。

公司的动作是否足够

公司的活动、新品、模式等，让代理能够忙起来。

忙起来后，就不会有那么多闲工夫去考虑上新品或者跳槽的事情。

如果公司没什么作为，代理手里有钱，手下有团队，当遇到一些代工厂的引诱，或者其他操盘手的引诱，他们就很容易离你而去。

顶层代理手里钱不要太多

核心骨干是否流失，还取决于他们的经济实力。所以当公司上了新品之后，顶层代理是必须拿货的。

因为作为顶层代理，手里拥有大量团队，不管是平移、单算以及新品宣传效果是否足够好，他们都能收到大量资金。

如果一个顶层代理愿意放弃即将到手的资金，除了想单干，还有其他可能吗？

所以对操盘手来说，处理艺术很重要。目前行业内的处理方法是恩威并施、胡萝卜加大棒。

当然也不排除硬性强制，也就是做就继续，不做就没收团队的"两败俱伤"方式。

也有品牌方默不作声完全不管不问的处理方式。不过实践证明，品牌方完全不管不问对自己的伤害非常大。

所以当顶层代理手里的团队人数够多了，还是需要从情感、利益共同体、产品线等方面多管齐下来绑定。做到一定程度上持续上新品是必须的。你不上新品，顶层代理自己就去研发新品了。

打造利益共同体

没有永远的朋友，只有永远的利益，这句话在微商行业里作用特别明显。很多代理加入的时候都起誓说要和你同生共死，但口号叫喊最多的代理往往在利益上翻脸最快，所以需要警惕。

作为操盘手必须清楚地知道，情感维系并不会长久。虽然以利相聚、利尽则散，但是微商经营无利根本不可能聚。所以对核心代理投入更多以及适当的分红不失为上上策。

行业内常见的方法如下：

(1) 结婚

有些品牌方为了一个强有力的代理团队，会竭尽所能讨好团队长，甚至不惜以身相许或者娶了团队长。

成为名副其实的一家人之后，安全系数可以说是最高的。从经营角度来讲，夫妻同心，日进斗金。

(2) 联营

谁最怕你的项目不赚钱？当然是投资者。能让对方把大部分金钱投到你操盘的项目里，对方就会死心塌地地跟着你干。哪怕他们内心有点不满的小情绪，但会以大局为重。所有动不动就发脾气的代理都是因为投入的钱不够多。

所以，想让代理死心塌地，就一定要想办法让他为你付出。

(3) 夜夜笙歌

微商行业不乏奇思妙想，有些品牌方开课不给力，宣传不到位，但是特别会玩儿，365 天中至少有 300 天陪着代理吃饭唱歌。但是他们的业绩却做得越来越好。这是拿体力在奋斗啊！

(4) 没收团队

团队长是否听话，还取决于团队长对他下面的代理的掌控。如果他下面的代理全部由自己掌控，公司接触不到，他自然也就无所忌惮，毕竟这是一个谁有团队谁赚钱的时代。

有些品牌方想方设法接触到下面的团队，当团队长实在不听话了或者想要转移方向投身其他品牌的时候，品牌方就重拳出击，给出好政策收回他之前的团队，变成公司所有。

这种做法往往是两败俱伤的下下策。不过，偶尔用这种方法杀一儆百还是可以的，毕竟团队长的配合度决定产品销量。

(5) 有商有量

公司大的发展方向要多和团队长商量。你想让人家跟着你，又不把别人当回事儿，这是行不通的。

从另一个角度讲，当公司的一个新政策是品牌方和代理一起制定的，那么这个代理一定会强有力地执行下去。

如果品牌方在制定政策时闭门造车，团队长就不一定能理解，最后不买账。所以阳奉阴违的事情就时有发生了。

5. 警惕非正常男女关系

微商本身就是主要依赖微信来沟通联络的一门生意。几千万个灵魂通过手机这个工具频繁联络，赚钱的同时也开阔了眼界，并接触了更多优秀的人。所以非常容易出现和微商好友的沟通比和自己伴侣的沟通还多的现象。

久而久之两个人容易发生感情，从而影响到了家庭，也影响到了团队。特别是顶层代理和公司股东这些特别重要的人，一旦有了非正常男女关系，对整个团队的影响都是巨大的。

所以作为操盘手来说，要经常打打"预防针"，让代理、股东的生意以及和家人的关系向更好、更健康的方向发展。

6. 思想工作要做好

带团队就是带人，带人就是带思想。人与人之间所有的交流都是思想的交流，所有的管理都是思想的管理。

思想是看不到摸不着的东西，但是却决定一个人乃至一群人对你的所有政策的执行情况，对你所有理念的拥护程度。

所以好的心理学专家不一定能操盘，但是好的操盘手一定是一个好的心理学专家。因为不懂心理学，根本带不好团队。带不好团队，还谈什么操盘？

7. 产品概念过重

何为产品概念，很多人不懂。

例如，所有人都知道乌鸦是黑的，但你非得跟你的代理说乌鸦其实是白的，通过你的三寸不烂之舌侃侃而谈的确可以忽悠到很多人去相信乌鸦是白的并且象征和平。

然后代理因为相信了白色的乌鸦象征和平可以送人，就花了大价钱买了你的乌鸦去卖，结果到了市场上肯定是处处碰壁。

最终代理卖不出去"白乌鸦"也不敢回来找你退，只能丢掉乌鸦，打掉牙往肚子里咽。

产品本身是1，概念是0。需要合理的配比才能做好微商。合理的效果是在客户收到产品之后，发现和公司描述的一样，确实很好。

如果能做到让代理发了朋友圈就产生咨询，咨询就能产生销售，那就最好不过了。不过这种好产品几乎是十年一遇的。

8. 负面新闻抨击

每个做得好的品牌方都需要大量的宣传和模式配合，这其中必然有营销手段，俗称"套路"。

当大批量代理把钱打给公司之后，后续服务没有做好，或者得罪了某个自媒体人，就很容易遭到他们的口诛笔伐。

某大品牌曾因为负面文章的攻击，丧失了口碑，从此一蹶不振。

还有曾经微商界的鼻祖也在电视的曝光下消失在行业里，虽然时隔几年又重出江湖，但是之前的阴影真的可以抹去吗？

防范负面新闻，从"心"做起：

收钱是把双刃剑

某微商品牌曾在大量收钱后遭遇自媒体人的阻击。大部分负面新闻都是因为品牌方某些言行让别人怀恨在心而被制造出来的，所谓木秀于林风必摧之。

枪打出头鸟，你做得大，曝光得多，自然容易遭遇想出名的自媒体人阻击。所以品牌方老板最好还是低调行事，厚德载物。

产品是核心

某十亿品牌，由于原材料选择把关不严，导致被曝光，名誉扫地。品牌最容易被曝光的是产品本身。

产品本身的不稳定性甚至危害性，是一颗定时炸弹。随时能让一个品牌覆灭，甚至让老板担官司。

打人一拳、防人一脚

某品牌挖了竞争对手一个高管，之后不久就爆出严重的产品质量问题。

如果你在这个行业里树敌过多，别人可能就会"用心回报"你。所以我们在任何行业做事情都要有取舍，有些事可做，有些事万不可做。

核心代理流失

作为品牌方，必须清楚地知道自己的直营团队到底有多少个。

我曾经亲自接触过一些品牌方，真正做得好的直营大团队，也就那么三四个。甚至有些，只有一两个大团队支撑着品牌方的销售额。

如果有一天某个大团队长不干了，不高兴了或者是其他原因离开你，那么就意味着你整个微商公司全军覆没，甚至丢掉半壁江山。

这是非常可怕的一件事情。所以核心代理才是我们每一个微商公司需要重点维护的财神爷。

十二

增盘与护盘

1. 如何平衡增盘的机会与威胁

前面已经讲过，能活下来的微商公司，必须三个月左右上一款新品。

动作快的话，一个月上一款新品都是可行的。

如果不上新品，代理手里拿着之前的货，绝大部分的代理是卖不出去的。

在卖不出去的情况下，代理的信心就会慢慢地丧失，整个团队也就失去了活力。所以一定要在代理还没有完全失去信心之前上新。新品能够给代理新的希望，同时能给自己的微商公司新的机遇和机会。

上新品也叫作增盘。

增盘增得好，日进斗金。增不好，全军覆没。

增盘须知：

（一）产品必须给力

所谓给力的产品需要具备以下几个因素：

效果立竿见影，概念太强的产品会很短命

代理真金白银从你手里拿货去卖，努力用心地卖出去后发现大家用着没什么效果。

比如排毒产品，很多人使用之后一点感觉都没有。这样很快就满盘皆输。

为什么微商行业里，面膜行业长盛不衰，因为面膜敷上去十五分钟就很水润了。效果立竿见影，客户也愿意用。

还有减肥饼干，虽然很多时候不能立竿见影。但是减肥饼干可以当作零食或者代餐经常吃，消耗就会很快。即使代理囤货了卖不出去，自己吃一吃也就吃

完了。

最惨的就是类似涂涂乐这种产品。风口的时候代理囤了几万本，风口过后，一堆印刷品实在难以消耗。

返单迅速

微商产品如果不能返单迅速，就会拖慢整个销售流程。

比如卖卫生巾，客户买回去可能要等二十几天之后才遇到例假。客户用过之后哪怕觉得很好用，再次复购也还要再等二十几天。这样五十天的周期就慢慢过去了。

还有护肤品，也是使用很久都用不完。老客户返单慢，只靠开发新客户也是很痛苦的一件事。

而面膜一周左右就用完了，客户用得好就会很快复购。

所以品牌方在设计产品的时候一定要考虑到复购率的问题。

少一些可替代性

如果可能，最好再少一些可替代性。

你做的产品再好，客户为什么要买你的呢？只靠概念吗？拼服务吗？

其实消费者很不喜欢受到销售员的骚扰，提供过多的服务就是骚扰，所以我们最好能有独特的产品。

比如我曾经接到一款冰爽喷雾，提神用的。可以说是提神产品里唯一的喷雾，效果立竿见影。这样的产品铺到市场上反应就非常好。只要客户想买，就一定会买你的，因为其他地方买不到。

比如在微商里卖短裤，卖袜子。品牌方可以凭借自己的强有力营销手段出货，但是代理商呢？

代理能卖得出去多少？消费者可以网购，可以到超市购买，可以到便利店购买，可以到服装店购买，为什么要去买你的呢？

所以聪明的微商品牌方经常喜欢发明新品，或者取新名词，让消费者无从选择。只要需求被激活，他就只能买你的。

有利于传播

微商本身是分享经济，沟通经济，社群经济，眼球经济。你做的产品一定要方便发朋友圈，方便演示，不恶俗、不讨厌。

比如曾经风靡的大樱桃、水蜜桃、蛋糕等。通过图片和视频能让别人流口水，激发出顾客最原始的欲望——吃，成交也就不难了。

相反的有些做妇科产品的微商，经常发一些令人不适的图片，给人感觉真是恶心至极。虽然的确能吸引到有妇科疾病的人的注意力，但是另外一大部分的粉丝被骚扰了。

其实这样做很不值得。微商是人与人之间的生意，需要成为熟人才会成交，需要有好感才会成交。如果你的产品经常恶心到别人，别人对你的好感自然就荡然无存，成交无望了。

（二）模式必须新颖有效

营销模式是招商环节的重中之重。

很多操盘手不知道营销的定义，这里要说明一下，每个培训师对于营销可能有不同的解释。

推销＝说服。说服顾客就能成交，类似于街边卖衣服的商贩。

营销＝吸引。类似于有一定品味的服装店，选好位置为吸引，做好装潢为吸引，打扫干净为吸引，高素质员工为吸引，陈列整齐为吸引。

品牌＝勾引。类似于奢侈品店，能做到消费者自发传播，趋之若鹜，排队抢购。

所以想做好一款产品的增盘必须要清楚地知道你自己的级别。你给自己的定位是品牌、是营销，还是说服？

微商这几年，有很多模式被滥用了，比如送粉丝、帮成交、给流量，甚至送代理、发工资、包退等都有人用过，洗了一批又一批的代理。

很多微商人由于看好这些政策花钱做了代理之后，奋斗一段时间发现并不能改变自己卖不出去货的现状。那么你再用这些老套的策略去招代理就会变得寸步难行了。

任何一个营销都是需要闭环的，需要几个小时研究每一个细节以及能引发的连锁反应，所以只有面谈，针对一个品牌，这个产品，才能制定出切实有效的招商策略。

（三）宣传一定要疯狂

你能在这个行业里赚多少钱，取决于你能让多少人知道你的项目。所以大品牌起盘一般都对接多个自媒体，以及培训机构。

比如蒙牛起盘就与微谷、K大咖达成战略合作。瞬间吸收了大批代理，同时也影响到了整个微商界。

微商运营，舍得之间。大投入大产出，小投入小产出，不投入没产出。

宣传方式：

产品说明

产品说明必须包含：（1）起心动念；（2）研发人；（3）生产方；（4）产品功效；（5）适用人群；（6）销售渠道。

最好做成公众号文章形式，文字、图片、小视频都在一起，文字不要太多，语言尽量精练，让代理看起来不累还容易理解。

百度百科

百度百科是必须做的基础，现在人了解新事物的时候习惯性百度搜索。如果百度搜索不到，可信度会大打折扣。

同时百度百科还可以作为使用效果引导，对产品的功效性和权威性有很大的背书功能。

全网文章发布

关于产品的文章、关于公司的文章、关于销量如何好的文章、关于效果如何好的文章必不可少。

在淘宝上花几百元就可以让你的文章发布到几十个网站，然后会被百度蜘蛛抓取。如果用户去搜索，就会搜索到这些事先写好的正面文章。

公众号设置

微商带团队带的是梦想、是情怀、是文化、是教育，所以都离不开公众号文章的发布。我们要经常性地将代理的心拉到公司这边，拉到正能量这边，拉到积极肯干这边，拉到阳光这边。

公众号文章里不要植入个人或者公司联系方式，这样能方便代理转发，代理转发之后浏览量会大大提高，同时还能吸粉。

持续的大量设计图

微商是眼球经济，同时也是新型互联网营销，所以需要大量素材给代理发朋友圈。

虽然很多人知道发朋友圈大部分时间都是不能直接带来销量的，但是我们也必须清楚不发朋友圈的话，客户想买你的东西都不敢买。

因为你朋友圈都没有，谁还敢找你买？

如果品牌方的图片素材不够，代理就没有足够的图片发。不要指望代理会去作图，大部分代理都是懒惰的。

持续的大量文案

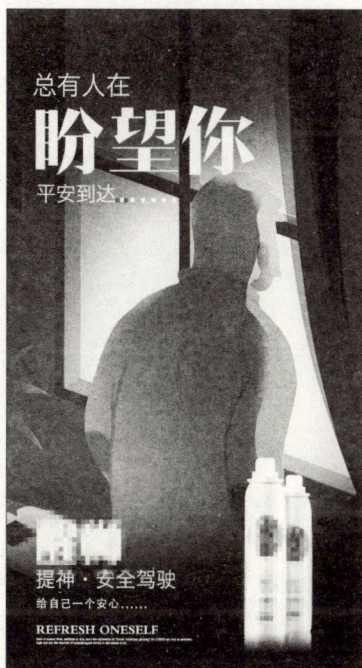

有图片就必有文案，好的文案是能触动顾客的心的，能让顾客感受到这款产品给他带来的价值和好处，从而促成交易。

发这张图的时候正值春节前夕，很多人都是驾车返乡回家过年。这张图触动了很多人的心，促成了好多笔交易。这就等于说是做到了别人心坎里的图片素材。

持续的大量客户见证

客户见证是成交环境的重中之重。

只要大部分人说好，客户就很容易从众。

一般的微商团队让代理有收集客户见证的习惯和意识就足够了，不建议去做假图、假见证。微商如果不走正道的话很快会有不好的事情发生。

还有一些见证，比如权威部门，会让代理信心百倍，也会让消费者瞪大眼睛惊讶。

持续的大量成交截图

传统行业做零售经常会有一些不法商贩找托儿，就是为了让顾客看到火爆的场面。这就利用了人类从众的原始冲动，促成交易。

所以微商行业也有很多人做假的成交图塑造销售火爆的场面，只是随着时间推移，越来越多的微商都选择踏踏实实地做好自己的事情，不去欺骗消费者。

这也是整个行业趋于理性化的表现，是健康发展的表现。

大量的成交见证能打动很多准代理的心，让有意向做微商的人为之动心。

相反的如果你只宣传产品如何的好，却看不到你成交，别人心里就会有疑虑，到底可行不可行？

持续的大量小视频

小视频是产品功能最直观的表达，现在微信可以发十秒的小视频，对微商产品的展示、微商出货的展示、微商会议的展示都起到了积极作用。

这里提醒大家，拍摄小视频是有很强的技巧的。

（1）切勿镜头乱晃，看的人会很不舒服。

（2）最好使用高像素的手机，像素太低拍出来很不美观，同时也暴露了拍摄者的手机很差，会让人感觉拍摄者的收入不高。

（3）光线要充足。

（4）安静环境下最好配音。

（5）如果是拍摄产品，最好有四秒左右是近距离固定拍摄，这样可以让人看清楚你拍摄的是什么，然后再匀速移动看整个场景，切忌全程看不清产品。

2. 增盘的威胁

增盘的第一大威胁就是库存威胁

众所周知，我们微商上新品都是要自己先打款订货。如果你的库存太多没卖出去，就会压住你的资金。你压了一堆库存在自己的仓库，最终的结果是亏钱。

如果供应链够稳定，最好先收钱再生产，做好合理预算，不出意外的话一般不会有太多库存在仓库里。

第二大威胁就是断货

你收了货款，货物却迟迟不能发出去，那么代理的信心就会随着日期的增长而逐渐衰退。

试想，代理怀揣梦想地把钱打给你，你却迟迟没有发货，代理的心情会怎样？

所以，做微商的增盘必须有强大的供应链，找到有实力的靠谱工厂才是硬实力。

第三大威胁，增盘的行动不够迅速，活动不够，宣传不到位

公司的领导人无作为，就会导致整个增盘的失败。

第四大威胁，营销活动不连贯

作为团队的领导人，每天最应该干的事情就是和代理在一起，组织各种活动，做各种事情。活动停了，下面代理的脚步都会停止，不到两个月就死气沉沉。

综上所述，能否成功地增盘，很大程度上取决于公司领导人的战略格局。

很多品牌你让他增盘，他不敢，他一再推托，一而再再而三地在那里磨叽。他不敢新增产品，他借口说一定要等到自己团队壮大了之后才上新品。但是结果往往是不上新品，团队慢慢做死，到最后新产品都没有上。

他还不知道核心的原因，他根本不知道他团队里的人已经对他不抱希望，他还在老的产品上苟延残喘，不停地做文章，结果也是事倍功半。

所以说，新品才是所有微商团队爆发起来的王道，也是重中之重。

3. 日常护盘

警惕一：会销邀约

警惕二：互加带来的消极思想传播

警惕三：新进团队挖人

警惕四：高层内耗

警惕五：地板砖效应

警惕六：高层跑偏

警惕七：核心出轨

你不做有效的营销活动，别人做了，就会把你的代理吸引去。

微商必须清楚地知道，代理资源是整个社会的，是整个微商界的。代理的信息都是非常灵通的，在每个代理周围都潜伏着一批"隔壁老王"。

警惕一：会销邀约

当微商进行到 2018 年，很多线上课的影响力已经大打折扣了。效果并不理想，几乎感染不到代理，但是线下沙龙和线下会议的效果却非常好。

那么有些微商公司就会组织代理邀约别的微商参会，在会议上形成强大的影响。专业的成交导师、优秀的模式、现场演示产品等，这些活动让被邀约的代理无法抗拒。

相比之下，你的线上课就显得苍白无力。

所以，如果你不组织大批量的线下会议的话，你的代理很有可能就会去参加别人的会议，就很容易被转化。如果他是一个团队长，结果更恐怖，往往整个团队都会被带走。

警惕二：互加带来的消极思想传播

微商的重要传播媒介是微信，但是微信群里大部分人都不会传播消极思想，那么私底下就很容易议论。

比如公司出了新品或者新政策，代理就会私底下议论，用并不清晰的思路来分析你的商业模式，之后往往得出的结论是不靠谱。

更有甚者，私底下拉帮结伙、挖团队、抢代理……给团队氛围带来非常大的影响。

解决方案是长期的警告，让每个代理都知道互加的危害。内部群是严禁互加的，具体做法建议：

（1）我在内部群给代理灌输的是家庭思想。每一个团队就像一个家庭一样，你们在群里互加了，就好像瞒着自己的家人偷偷地和别人家的老公、老婆谈恋爱一样。

时间长了肯定出事，并且也是不道德的。因为大家都是一个品牌的代理，你加了别人的下家，请问你有什么企图？

（2）在代理朋友圈遇到不属于别的代理的点赞和评论，拉个小群进行沟通。让对方明确地知道互加的危害，并且主动互删，在大群里做检讨丢截图，这样会起到更好的带动作用。

（3）线下会现场检查手机互删。小型线下沙龙和领导人会议的时候，由领导人讲这个互加的危害（最好穿插案例和故事）然后由会议管理人员检查手机，让互加人员现场删除，代理一般都会很配合。

警惕三：新进团队挖人

当微商公司做大了，很容易会收编一些团队。那么当这个团队里一些级别高的人集中进入内部代理群的时候，有些不守规矩的人会在群里加人，甚至抢代理，造成很恶劣的影响。

所以有经验的品牌方都会在新团队进来之后先观察几天，进入到他们群里看一下质量，再逐步拉到团队大群里，并且在新团队进大群之前，给原本的群员做好培训，打好预防针。

警惕四：高层内耗

高层不团结是微商团队瓦解的最大杀手。

俗话说家和万事兴，如果内部不团结、不信任、钩心斗角、追名逐利，或者情感因素冲突，等等，很容易导致团队解散。

高层的不团结传到代理耳朵里，会让代理人心惶惶，到时你再怎样开课引导、上新品，代理的信心都大打折扣。

所以在微商起盘时最好找志同道合之人合作，并且一定要提前制定好规则，不怕先小人，最怕后小人。

警惕五：地板砖效应

何为地板砖效应？每个团队里，都有很多代理不动、不说话、不发朋友圈，保持着休眠状态。

作为操盘手，没办法让所有人都活跃，但是可以减少地板砖的概率。

当团队里超过90%地板砖的时候，一般这个团队也就名存实亡了。

我曾经尝试过激活一个两百人的小团队，讲课无效，后来是上了新品，由于新品比较好卖，这个两百人的团队又被激活了，甚至之前离开团队的人陆续又回来了。

所以说，让代理动起来的最佳方法是让他卖得出去货，赚到钱。

警惕六：高层跑偏

大海航行靠舵手，操盘手的指向性很重要，操盘手把团队往哪儿带，团队就往哪儿走，哪怕是深渊悬崖，也会有代理前仆后继地跟着跳。

列几个坑：

坑1：线下摆摊

聪明一点的微商操盘手都知道线下摆摊的意义更多的是影响线上和吸粉，并不能大批量复制和盈利。

因为线下摆摊本身是一件很辛苦的差事，费时费力又很难有销量，特别是一些不出众的微商产品。

一些不明就里的操盘手以为引导到线下就会有收获，所以让大部分代理去做线下。

结果代理收获的除了失败还有打击——对自信心的打击，对公司信任的打击，对产品前景的打击，对微商未来的打击，结果可想而知。

坑 2：躺赚

能把代理引导到躺赚的操盘手需要用镜子照照自己的内心了。大家都知道勤劳致富，勤能补拙，多劳多得，如果倡导躺赚，那么招来的都是一些想不劳而获的人，也没人愿意行动。

他们不愿意开课，不愿意谈代理。虽然靠躺赚一开始的确可以吸引很多人，但是久而久之一定是死路一条。

坑 3：互推

我们必须清楚地知道微商代理不是专业的营销人员，表达能力和心理素质都不高。让代理找亲友做互推，往往是没人敢做，也没人愿意做。

有能力做互推的人，你不要求，他自己都会去做，但是大部分人都是不具备这个条件的。所以，互推作为公司的模式大面积推广显然不合适。

坑 4：国际化

微商造势必不可少，但有人为了造势也是无所不用其极，比如国际化微商。暂且不论是否可行，用最基本的常识说，如果你在国内都做不好的话，到国外能做好吗？

在国内能做好的话为什么又要跑去国外做呢？排除语言障碍、物流环境、法律法规差异等因素来说，单凭大环境，国外哪里比得上国内好？

偶尔接个国外订单，让代理拿去炫耀一下就好了，记得要把代理的注意力拉回来做正事。

坑 5：平台化

分销平台作为营销工具，能辅助微商运营，但是如果把分销平台作为核心，让代理平台化，只会把团队做死。

我曾做过一个分销平台，运营了一周就停下来了。因为发现自己的资源用完之后，裂变不下去。核心原因是投入太少，动力不足。

后来调查一个做平台的软件团队，一年做了六百个分销平台，只有一家是赚钱的，赚钱的原因还是他们在上海开了一场万人大会。

那么可想而知，这些营收是靠会议营销收到的，而不是依靠分销平台。

警惕七：核心出轨

微商行业里的诱惑很多，每天都有新的产品发布或者微商公司倒闭。日常护盘中最应该警惕的就是团队长换产品。

很多团队长认为团队是自己直接掌控，增加了别的品牌新品会有更多收入，或者遇到了更好的产品甚至想放弃目前的产品。

这时候作为品牌方的操盘手，往往是留也留不住，舍也不忍心。

解决方案：

（1）日常的警钟长鸣。在高层会议里经常旁敲侧击一下换品牌的危害，比如用哪些人换产品把自己团队换没了等这样的案例敲山震虎。

（2）奖励不要月结，设置一些年度结算的奖励机制。注明中途换产品的视为放弃年度奖励。这样能增加团队长换产品的成本，也就相当于间接增加团队长和公司的黏度。

（3）经常性做一些活动，这些活动要能够接触到团队中层干部的。

这样公司可以接触到大部分重要的核心中层，当高层团队长"叛逃"的时候可以以强有力的优惠政策和惩罚措施让大部分代理都留在团队里，公司直接指派或者再竞选出新的团队长。

对于团队长"叛逃"这件事情，操盘手应该以一种人不犯我我不犯人的态度平和对待，平时还是要以诚相待，用心对待。不要疑神疑鬼，没有什么事情是不能好好沟通的。

十三

不会收钱，谈什么都是苍白无力的

1. 价格表里藏着利润

（一）产品利润设置

微商是一个高利润的行业，很多微商人做不好是因为利润不足，没有足够的利润做活动，这就制约了团队发展。

大牌微商的利润设置，最低出货价一般都是成本价 ×5，零售价是成本价 ×10。很多人会觉得难以接受，但是现实告诉你，做得好的微商利润比都是这样的，利润很低的微商都销声匿迹了。

现在微商越来越趋于合理化、透明化，最低出货价也不能低于成本价 ×3。有些微商团队做的产品是成本价 ×1.3 的，结果很快发现自己成了搬运工。

（二）产品差价设计

价格表是离成交最近的一个环节，所有人打钱给你都要依据这张价格表，但是往往有一些操盘手把价格设计得蹩脚难算，最基本的利润差都不能让人一目了然，根本无法记住。

某某产品 头疼 价格表

级别	单价	总价	下级利差
联创	51	20万	?
官方	67	5万	?
董事	73	1万	?
总代	95	3000元	?
天使	118	240元	X

《微商操盘手实战秘籍》

现在给自己一个机会
开启你人生辉煌之旅

让我们一起携诚相守共赢未来

某某产品 一目了然价格表

类别	单价	总价	下级利差
联创	50	20万	?
官方	60	5万	?
董事	70	1万	?
总代	90	3000元	?
天使	120	240元	X

《微商操盘手实战秘籍》

现在给自己一个机会
开启你人生辉煌之旅

让我们一起携诚相守共赢未来

通过上图不难看出，价格清晰的价格表每个级别之间的利润一目了然。而前面的价格表则要费一些心思去计算每个级别的利差，还非常难记住这些没有规律的零头数字，弄得人一个头两个大。

所以操盘手一定不要在产品价格表上给代理制造困难。

（三）平级奖励设置

很多品牌方都会遇到这样一个难题：顶级的代理阻止下一级的代理升级。因为下一级的代理升到跟他同样级别，他就没有利润了，这是一个非常不利于微商团队发展的现象。

为了杜绝这种现象，其实我们可以在利润评级奖励上进行一些设计，既能让下面的代理升到顶层的同级别，又能让上一级代理拿到合理的利润，甚至拿到更高的利润，这样就不会产生上级代理阻止下级代理升级的问题了。也许还能起到一些促进的作用，让大家并肩作战，共同发展。

（四）到底给哪个级别赚钱

经过我多年对价格体系的研究，最终我觉得还是要把高利润给更高级的代理。

因为低级代理即使给他很高的单位利润，其实他也赚不到什么钱。

并且我觉得对于低级代理更重要的、更有意义的事情并不在于赚钱，而是他能在低级别的时候学到东西，使他有所成长，能够强大起来，成为一个懂营销的人，懂团队管理的人，会招代理的人，会零售的人。那么他自然而然一定会成长起来，成为高级别代理。

可如果他在低级别的时候赚了很高的单位利润，当他成为高级别的时候反而没有那么高的利润了，那其实对每个代理的职业生涯和整个团队的发展都是不利的。

所以我觉得如果想让一个团队健康发展，还是要把高单位利润给更高的级别。

2. 干什么能日进斗金

（一）线下会议日进斗金

大的微商团队，大批量的成交，一般都是组织线下会议才能做到。

线下会议有现场感，现场感能带来信任，信任才能带来成交。

氛围的衬托、优秀成交导师强大的现场感染力、人的从众心理等因素，都会促成微商团队线下会议的大批量成交。

一般微商行业三千人的会议就可以做到九位数的成交额，如果是五千人甚至一万人的会议，那成交额会更加高。

目前微商行业还特别流行另外两种成交模式：

（1）上游轮。三千人左右包下一辆邮轮，然后所有人都在上面进行几天几夜的学习培训，接着顺势成交，往往也能带来很高的销售额。

（2）海外游。在海外游的过程中进行线下会议成交。

相比较起来，线下会就是比线上会成交率高得多。因为线上会议首先到达率就是个问题，很多人虽然在群里，但是并没有听到你的招商课。他没有反应，也没有互动，你更无法控制他是否听到。

但是线下会议的话是可以做到几乎百分之百的信息到达率，这些学员在现场他就能听到，听到的多与少，理解与不理解就是另外一回事儿了。

加上线上会只能是语音或者是视频、文字以及图片，完全没有现场的气氛烘托，包括肢体语言和各种眼神表情的交流，也没有灯光音响效果这一系列的辅助。所以说线下会才是真正能够让微商公司日进斗金的营销利器。

那么想开好一个线下会必须要有几个重要的点：

第一个就是商业模式。商业模式是重中之重，你一场线下会能否成交代理，完全取决于你商业模式的设计。你的商业模式设计得够好，能吸引人，那么自然而然就能成交很多代理。

第二个就是你的产品是否确实好、是否大牌、是否质量过硬、是否体验感强、是否返单率高、是否具有唯一性、是否有信任背书、是否是刚需、是否是好卖的产品。产品好，成交就更容易。

第三就是成交导师的重要性。一个好的导师是成交的重中之重，一般行业内好一点的成交导师，出场费都是三十万元以上。如果你希望不花钱，或者花很少的钱，找一个很便宜的导师过来，那么你这场会就不要指望他开得很好。

音乐以及现场会议控制、会务这个方面，一定要有经验的专业人士来做，相信专业的人做专业的事。

（二）上新品日进斗金

每个微商公司上新品时，都能够让微商公司日进斗金。

上新品的微商公司都会有一定的代理基数，少的有几千个，多的有几万甚至十几万个。

大家都做了一段时间产品，都对公司有所了解，对领导人有所了解，对产品有所了解，甚至有些人已经赚到钱了。这个时候公司增盘做一些新品，把优惠政策给一些内部的代理，然后这些内部代理看到希望，就会批量拿货。

之前的这些代理是累积出来的，是陆陆续续招进来的，但是上个新品之后，他们会在一瞬间就出很多货，因此也会吸引大批新的代理。

但是上新品需要注意的就是，我们要根据自己的团队销量预估来做铺货。如果太多的货压到代理手里，就会造成渠道阻滞，货物在渠道里无法走下去、无法到终端代理手中、无法做到动销，也会给日后埋下一个大大的隐患。

3. 什么是招商的"万金油"

（一）承诺是招商的"万金油"

所有的成交都离不开承诺，承诺就是招商的"万金油"。

承诺也是一把双刃剑，正规的微商公司不会让代理乱承诺，如果任何事情都可以打包票地承诺，但是最终做不到，其实也和诈骗没有什么区别了。

所以说如果想让自己的团队健康地走下去，可以承诺，但是不能过分地承诺，要在有能力做到的前提下来进行承诺。

承诺是一种营销模式，必须要闭环。不闭环的承诺或者恶意许下不能兑现的承诺，几乎等同于诈骗，所以所有的微商操盘手一定要注意，我们一定要设计好该有的承诺，不能乱承诺。

曾经遇到某团队内训教大家招代理的时候一定要狠狠地承诺，真替这家公司老板担忧。

（二）看到的希望是招商的"万金油"

员工也好，客户也好，女朋友也好，代理也好，不肯跟随你的核心原因就是因为他看不到希望。

所以说招商的"万金油"是什么？就是让他看到希望，看到什么希望呢？看到公司的希望、看到团队的希望、看到产品的希望、看到市场的希望、看到微商行业的希望以及看到他自己的希望、加入进来之后的希望。

公司对产品的塑造、对行业的塑造、对商业模式的塑造，什么才是最好的？我总结出来核心结论，适合的才是最好的。

让代理知道你的一切都是适合他的，都好像是为他量身打造的一样，他就能看到最切实的希望，也就会加入你的公司，跟你一起干了。

（三）合理的投入

微商走到 2018 年已经非常的规范化、规模化了。再好的产品如果没有一个合理的投入和合理的资源匹配，还是很难顺利招商。

现在很多大品牌一上来就跟一些大的培训机构和有名的拥有海量粉丝的自媒体人进行合作，有了这些自媒体人进行推广背书，有这些培训机构负责培训宣传，就可以瞬间影响上千万微商人，然后在这上千万微商人之中形成自己的明星产品。

当自己的产品一面世就成为一个明星产品，代理自然而然就好招得多。

其实这是一个很简单的数学题，量变产生质变，那么影响的人够多，代理自然招得就比别人多。

一个微商品牌面世，即使是再好的产品，你舍不得投入，舍不得花钱请培训团队，舍不得花钱请一些自媒体人给你站台。那么你只能靠自己的努力，靠自己的汗水一点一点去影响几百个、几千个、几万个微商人，但可惜你的影响力是微弱的。

投入和产出一定是成正比的，投入大量的资金去影响大部分人，和投入少量资金去影响小部分人，将来的业绩一定是天差地别的。

4. 团队不活跃的原因

经常有人问我，团队不活跃怎么办？我曾给出过几个层面的原因分析和解决方案。

原因一：微商是主要依靠手机微信进行联络的互联网生意，大多数人都不拿工资，工作时间自由，大多数时间处于无人管理的状态。

原因二：很多团队长，没学过管理学、没学过营销学、没学过心理学，不懂代理心态引导，不知道客户心理变化。靠着学来的或者摸索出来的一些技巧方法进行实验式带队，偶尔有些激励作用，过后还是后劲儿不足。

原因三：作为微商从业人员，大多也不是营销人员出身。本身自控力较差，加上互联网上谁也看不着谁，团队长又不会天天盯着自己，久而久之就变得涣散了。虽然身在群里，其实已经变成了团队中的"地板砖"。

原因四：错误的营销手段。很多团队长带着代理做活动，照搬照抄别人的模式，结果照猫画虎，做不出效果，一次两次，代理就不再相信你了，团队就死气沉沉了！

原因五：代理不活跃的核心原因，还是他们看不到"希望"。

解决方案：

以身作则

作为团队领导人，如果自己由于种种原因不经常在群里，不经常做活动，那么结果肯定是团队涣散，你都不努力，如何要求别人努力？

折腾不能停

我一直认为，微商事业就像在大海里游泳的人，停止"扑腾"的唯一结果就是沉下去淹死。所以很多人向我咨询技巧的时候我都会加一句，行动比技巧重要百倍。

学一下女性心理学、营销心理学

作为营销人，不能自说自话，必须知道对方作何感想，这样自己的营销就不会无力了。

微商和传销的区别在于，微商有产品，是靠卖产品赚钱（顺便卖点梦想和情怀）。而传销主要卖梦想，产品根本不重要。

所以，想要团队活跃，必须要能出货。有人出单了就影响到其他人。但是如果所有人都不出单的话，说明你该换产品了。

我最近负责操盘的一款产品，没上市之前虽然很多代理订货，但是群里还是死气沉沉，两百人的代理群每天说的话不超过二十句。

我曾经进群开过一次课程，课程结束之后竟然不超过十句回复。着实大大吓我一跳，正常我的课程互动率是非常高的。很多群成员都抱怨太多人说话影响爬楼（爬楼是微商术语，意思是在群里向上翻聊天记录）听课。

产品推出之后，群里每天都有人发红包、聊天，各种咨询、出单、缺货的反馈接踵而来。

不难发现，这样形成了代理之间相互影响的一个状态，团队长几乎不用操心。

这充分说明了，再厉害的技巧都不如弄一款好卖的产品出来给代理赚钱！

微商就像婚姻，要爱情也要面包。

爱情相当于微商中的梦想，面包就相当于微商中的出货收钱。

你可以靠梦想聚集一帮人，但是时间久了，只有梦想没有面包的婚姻早晚会以离婚告终。

十四

微商的昨天今天明天

为什么要讲微商的昨天、今天和明天？因为我们做一个行业，必须对这个行业有所了解，我们不能成为一个盲目的人。

　　比如说有人炒股票，但他对股票知识一无所知，对金融知识一无所知。他都不知道他买的那只股票的公司在哪里，公司的营业业绩状况是怎么样，包括国家的政策、世界经济的走向……

　　什么都不知道，那你觉得他买股票能赚钱的概率是多少？毫无疑问，一定是非常低的。

　　如果一个人买股票，他把这只股票研究得很透彻，把国家的经济走势，世界经济的动向，各方面都研究得很好，那他赚钱的概率就会高很多。

　　我曾经在股市最低谷的时候问过一个做金融的朋友，在当下最熊的熊市，别人都输得很惨的时候，在这个几乎全线飘绿的时候，股票市场上还有没有赚钱的？她说有，她有一个朋友很赚钱。

　　我问，他为什么能挣到钱？她给我描述说那个人经常看各种书、各种报纸，研究经济，研究每一只股票，研究上市公司，研究整个产业链。

比如说他那个股票是钢铁的，他就把整个钢铁产业链乃至世界钢铁行业的格局都研究得很透彻。他从来没输过钱在股票里，好像巴菲特一样一直是赚钱的，只是他投资小，就没有赚得特别多，但是又没亏过。

这也是我们研究微商昨天、今天、明天的一个重要原因。

如果我们对微商的昨天一无所知，就突然间一头扎到微商领域里来，那么你可能会付出非常惨痛的代价。不要仅仅是因为看别人做微商赚钱，你就也想做。

打个比方，这就好像游泳一样，一看别人游得挺好，你没经过训练和锻炼也跟着一头扎到水里去，只能有一个结果，就是呛到水，呛到水很可能会淹死。所以说我们一定要搞清楚这件事，必须知道水的浮力，水的深浅，然后小心下水。

（一）微商的昨天

1. 大众否认，以为传销。

2. 假货泛滥，骗子横行。

3. 少数成功，名利双收。

4. 炮灰满天，尸横遍野。

大众的不认同

微商起源于 2013 年左右，最早的是一帮自媒体人，通过微博的大号在卖一些东西。后来就慢慢地转发到朋友圈里，再通过朋友圈卖东西。

那个时候，几乎所有人都不认同微商，觉得这个东西不靠谱，其实我当时也不认同，也觉得就像骗子一样。

所以说无知是非常可怕的，很多人不愿意去了解，只是盲目抵触一个新生事物。

我也遇到一些人，生活条件绝对比不上我们微商。没微商有钱，也没微商有素质，也没微商收入高……但他就是瞧不起你。

为什么？

因为他无知。他根本不知道微商是可以睡到自然醒的，他还每天早上六七点钟起床，赶着透骨的寒风上班，然后嘲笑躺在被窝里赚钱的微商。你觉得他可怜还是你可怜？

虽然有人说可怜之人必有可恨之处。但是我想也情有可原，为什么那么多人反对微商？

第一就是以前深受传销其害，微商跟传销其实是有相似之处的，传销要开会洗脑，那微商其实也要开会，所以给大众的感觉经常开会的行业有点儿像传销。

为什么他们会把开会"洗脑"等同于传销？这也许和他们没有接受过殿堂级、大师级的课程有关。

其实我最大的受益就源于"洗脑"，我不怎么看书，但是曾经在网络上听过余世维、蒋汝祥、陈安之、李践、林伟贤、李强等人的演讲。

这些都是各个领域的高手，我就是被他们"洗脑"了。他们一节课就要几万元学费，那个时候我很年轻，没有办法交高昂的学费去听现场课，只能在互联网上下载视频或者语音。

以前不像现在这样通信发达，那个时候只能靠互联网，我的互联网水平还是不错的，对网络很熟悉。我就下载各种免费的教程，然后如饥似渴地看。

其实这个过程就是"洗脑"，当别人嘲笑"洗脑"两个字的时候，我们自己却已经成长了。

人家是大师，人家有好东西，我们就该谦虚点向人家学习。谦虚使人进步，骄傲使人落后，这是以前我们小学三年级的语文课本里说的，我相信大家都不会忘记。

不理解微商的人，我想不外乎是因为他不谦虚的心态导致自己不懂，他又不愿意去学习，然后道听途说，人家说微商是骗子，他就相信了。

为什么跟大家讲这么多东西，因为我要让你知道，你完全没有必要去自卑。别人对你所有的误解，所有的冷眼都是因为他无知。

爆点小内幕，很多微商人一个晚上就能赚几千元。人躺在床上睡觉，手机开在那里就可以获得收入。

嘲笑微商的人行吗？他可能要辛苦工作一个月，

还得在不扣他工资的情况下，才可能拿到几千元。前提是工厂效益不错，工厂效益不好的话，半年不给他发工资，他就得借钱过日子。

虽然说我们是正确的，但是大众的感受还是很重要，如果都否认，那意味着你会四处树敌。

之前的微商真的是比现在难做多了，大部分人都不承认。

一个新鲜事物出来，别人都觉得不靠谱，又不认识你，发个朋友圈就让我买，要是把钱转给你，你不给我发货，还把我微信拉黑了怎么办？

其实这种情况是有的，我遇到个朋友卖手机，货到付款的，然后人家就把他拉黑了。

还有买名贵首饰的，一万八千元打过去之后，人突然被拉黑了，首饰也不给了，这种情况也有。但是我相信随着行业的自动净化，以后这种现象会更少。

假货泛滥，骗子横行

昨天的微商确实有很多假货，导致现在微商公司都会深受其连累，产品一面世就要面对消费者的担心和质疑。

其实这个时代真货都已经做得很便宜，做得很优惠了。甚至他做假货的成本比做真货的成本低不到哪儿去，还担着法律风险。

以前之所以假货横行，是因为之前的微商利润太高了。但是现在就没那么高的利润，利润逐渐趋向于合理化。

有些时候，很多人会担心利润的不合理伤害整个行业，这纯属杞人忧天，其实做好自己就可以了。

那个时候为什么会假货泛滥，因为利润太高了，利润高了才驱使造假。

但是这个行业会经过一个时代自然的洗礼，现在微商领域里基本都是货真价实的产品。

有些产品非常好，市面上买不到这么好、这么便宜的东西。又便宜又好，很多只有微商里才有得卖。

少数人成功

不管什么时代，都像炒股票一样，哪怕牛市再牛，也有人亏钱，熊市再熊，也有人赚钱。

昨天的微商有不少人名利双收。

但是相对来说，整个行业的高手，最多也就只有万分之一。

还有绝大多数的人其实都是非常的一般，也就是第四类人——炮灰。

炮灰是觉得微商可以做，也没有研究微商到底是怎么回事儿，进来就拿个级别做代理。

做代理之后才发现之前看好的寄托，并不能承载自己的梦想。之前看着微商挺好，以为就是发朋友圈卖货。

发朋友圈卖货，这只是表面现象，只是外行人的看法。发朋友圈只是让别人能够最直观地了解到你和你的产品，相当于淘宝的宝贝详情页。但是发朋友圈不是直接促成卖货的，它只是卖货的辅助工具。

朋友圈怎么发取决于你是谁，你是微商带团队的人，还是刚做微商的人？

为什么取决于不同的人？因为我们有不同的通信录好友。

我通信录好友几乎全是微商，我不用考虑那么多，我是硬广、软广全发。

有些刚做微商的朋友，他几乎通信录里全是朋友、亲人、同事，没几个微商。如果一上来就是广告人家肯定受不了你。

你是什么阶层的人，你就按照你那个阶层，找适合你的方法，去发朋友圈、去做群发，而不是学了一招就往自己身上套，结果套得自己伤痕累累。

不同的朋友圈有不同的打造方法。很多人讲朋友圈就一斧子劈下去了，这是不对的。

我们对微商昨天的总结，就是为了了解过去。

我们对昨天有所了解才能够对当前的局势有所把

握，如果你对昨天一无所知，那就处于懵懂状态，刚入行的微商赔钱很正常。

看一下微商的昨天，有几大原罪。什么叫昨天？就是今天以前，那全叫昨天，从你做微商那一天到今天就全叫昨天。

昨天有什么原罪？

（1）借钱囤货

很多人都试过借钱囤货，包括我自己也是。我的第一批、第二批货都是有借贷的。要不然可能也做不起来，毕竟要花大量资金去订产品。

我是自己的操盘手，我必须自己去订货，这个行业就是这样的。

然后我的代理，有些人没钱，他也得借钱来找我拿货。

这就是微商，之前就是这样玩法。不过现在的微商有很多人还是这样玩，想着一定要有货，没有货不就成传销了？没有货的话，你的核心竞争力在哪里？

如果没有货，怎么招代理？

很多人都可能借钱囤货，囤货是不是不对呢？也不全是，你的货，看能不能卖得出去，如果能卖出去就是好事。

你第一批卖完了再来一批，因为你赚的利润一定是从货物的销售里面来。

但是如果你没有营销经验，没有管理经验，判断失误，你没有任何营销基础和与人沟通的技巧，突然间拿了几万元的货，估计你只能在手里放着，然后干着急。

如果是我的话，只要产品不出问题，你给我多少货，我都能卖出去，因为我有这个营销的能力。

所以囤货是不是罪，取决于你有没有那个能力把货卖出去。

现在的微商都趋于理性了，包括级别和门槛也是越来越低，一开始很多团队都会让你拿一个高级别，美其名曰你有多大野心就有多大收入。

现在都会告诉你，慢慢来吧，从头开始。

因为很多人都是三分钟热度，一开始信心满满，其实自己什么也不懂，就拿了很多货放在家里面卖不出去。

（2）没有方法

很多人在各种套路面前缺乏辨别意识。

比如说吸粉，送流量这种事。我相信你们都遇到过送流量、送粉丝的，不管你相不相信，也不管你上没上当，反正很多人是相信了，结果他得到流量了，也得到粉丝了，但是他的流量和粉丝却不能变现。

你加了一些好友，是上级给你分配的一些意向客户，结果不能成交。

所以说所有不能成交的东西都是无效的，所有不能出货的知识都是无效的，有些方法是不能落地的。

外面流行的模式太多了，我希望大家有一双明亮的眼睛，去分辨一下。

有些人宣扬的所谓模式，离赚钱有多远，对你卖货有没有用，跟卖货有没有直接联系？

比如说我团队里的人，我就告诉他们，粉丝你加太多没用。你有去沟通吗，有去了解吗？沟通带来了解，了解带来信任，信任带来成交。非常简单，三步成交了。

我教他们"555"的模式，去看对方三个月的朋友圈，每天沟通五个新人、五个熟悉的人以及五个老朋友。看起来很难，其实挺简单。

但是很多人就被以前的微商误导了，以为加了好友就能成交了。加了好友，如果没有了解，没有互动，没有沟通就是一个陌生人。

请问你会在微信里找个陌生人买东西吗？你觉得不靠谱，同样的别人也会觉得不靠谱。

（3）卖不出去

卖不出去货有很多原因，包括我刚刚说的，没人教你方法你就卖不出去，因为之前没有学过，你不是专业的营销人。

你心太急，加了好友第一时间就想成交，根本没有去了解一下对方，和对方聊聊，交个朋友。

你太贪心，你总想抓很多，结果你一个都抓不到，盯着通信录里几千个好友干着急，也不如你静下心来每天聊十五个人。

你没有静下心来做一些切实可行的事，你舍不得用五分钟时间跟人家沟通交流，那谁又会买你东西？

货卖不出去的核心原因就是你没有得到别人的信任。不怪别人，怪你自己做得不到位。首先你没有把你自己展现出来，没有把自己的一些照片、生活场景等发到朋友圈里去。

别人对你一无所知，你却要求人家把钱给你，买一个一无所知的人的产品。你觉得他敢信吗？

没有信任就经常碰壁，然后你去找你的上家诉苦，你会发现你的上家很忙。你找你下家，发现你下家还不如你。

然后你会发现自己站在三千万的人海当中，孤立无援，非常可怜，最后就失去信心。

其实非常多的微商都失去了信心，甚至有些操盘手都失去信心。我认识的某些从我这里出去自己操盘开微商公司的人，干了半年，没动静了。

有些人辉煌过一下，好的甚至有过几百万元的业绩；有些人就从来就没辉煌过，注册个品牌，定一款产品，做了几张图发了几天朋友圈就没动静了。

我们千万不要做微商行业的烟火。什么叫烟火呢，就是它点着了，亮了一下，然后就没了。

（二）微商的今天

1.大众认同，理解微商。

2.货真价实，骗则罚之。

3.更多成功，名利双收。

4.炮灰满天，尸横遍野。

第一点：大众认同，理解微商。

今天大众几乎都已经认同和理解微商。这对我们来说是一个非常好的消息。我们做一件事情，大家反对的时间长了，你再坚定的信念，估计也会被人打垮。

第二点：货真价实，骗则罚之。

真货越来越多、好货越来越多了，价格也没有那么贵了，老百姓从微商那里买的，不管是洗护产品、食品还是化妆品，都发现比超市里的好，比市面上的好，比直销的好。

那骗子有没有呢？也有，但是法制越来越健全，这些假冒伪劣产品迟早会退出市场。其实法制本来就健全，不健全的是我们自己的维权意识。

有些上百万元的经济纠纷，那些微商人都没有去通过法律途径解决，自己忍着。那几万元的经济纠纷就更多了，自己忍着，开个小号在群里骂了半天之后不了了之。

可悲的不是法制的缺失，是我们自己维权意识的缺失。

第三点：更多成功，名利双收。

其实每天都有通过微商成功，名利双收的人。只是可能还没轮到你。

为什么没轮到你呢？原因一定要在我们自己身上找，或许是我们还没做到位。

想要成功其实非常简单，你要去找一个标杆。

不管他是做什么产品的，只要他赚到钱了，比你做得好，并且你也觉得他做得不错，你就去拿你自己跟他比。看你自己缺少什么，你看你的硬实力比他强还是软实力比他强。你缺的都补上，就可以了。

　　人家说强大自己是解决所有问题的唯一方法，但是他没告诉你怎么强大自己，而我是真真实实地告诉你，怎么强大自己。

　　怎么强大自己？哪里弱了，你就在哪里付出，这是强大自己的唯一的方法。

　　怎么付出？比如说你胸肌不够发达，你付出时间、精力、体力做俯卧撑。

　　比如你的腹肌不够发达，你付出时间、精力、体力做仰卧起坐，你的腹肌就会发达。

　　请记住，所有的强大都必须先付出，任何的弱项都可以用付出来增强。

　　比如说你跟其他微商公司对比，你的能力不足，你付出点时间学营销。

我们每个人刚出生的时候都是平等的，为什么到了今天我们的区别就越来越大了？

就是因为成功的人都是付出很多的时间做事情，任何人做事情都有挫折，我也经常因为难以达成某些目标而纠结难受。

如果你只坐在那里呆呆地看着我，你觉得你能不能强大自己？

想强大口才就张嘴，想强大臂力就练胳膊，想学游泳就下水去游。不要站在岸上和我说，芪权老师，我想跟你学游泳。你学不会的，因为我在水里，你没在水里，我怎么教你？

再厉害的教练也教不了在岸上的你，你还一而再、再而三地问我怎么游泳。你下来，我把你按水里你就学会了，在岸上永远也学不会游泳。

这也是我不太愿意和外行谈微商的重要原因，你什么都不懂，我不知道怎么跟你谈。

谈了半天，你再跟我抬杠，你说你不这样认为，那我该怎么办？

如果你做过的话，我们会有很多共同语言。

哪怕你做一点点，再有哪个地方不明白的，我知道的再会分享给你，你就能明白我在说什么。

所以，我希望通过这本书即将结尾的章节，能让大家知道怎么强大自己，这点太重要了。

确定标杆之后，你再跟人家标杆比，人家的微商公司有多少品牌？你有吗？你有没有尝试去研究几个品牌？

他有多少产品，你也去把产品弄出来；他有多少代理，你的代理没他多，你就想办法招，你招不到那么多代理就分析原因。

你看他怎么做的，他一天开多少课？你一天又开多少课？人家一天开三节、五节课，你三天、五天开一节课，你还想跟人家比成就？

天上不会掉馅饼，只会掉陷阱，强大自己是解决所有问题的唯一方法，付出是强大自己的唯一选择。

第四点：炮灰依旧满天飞。

因为你现在所处的一个行业就是成与败的一个行

业。商场如战场，在商场里面，没有同事也没有员工，只有成功和失败。

成功一定是少数的，大部分人还是不会成功，所以无论什么时候微商都是炮灰满天、尸横遍野的。明天是，后天也是，一直都是。

因此你不必担心这个，你只要关心自己，别让自己当炮灰就行了。

这就是操盘手和一般微商的区别，就好像社会上永远也不可能所有人都成功一样，微商中的成功者也一定是少数中的少数。

人家说成功的路上并不拥挤，因为坚持的人不多。

其实不只坚持的人不多，肯付出的人更少，很努力的人更少，肯反思自己，肯回头看看自己走过的错路的人少之又少。他什么都做不到的，凭什么成功呢？

（三）微商的明天

1. 量力而行。

2. 全套方法。

3. 绝对成交。

4. 广交朋友。

5. 不缺好友。

6. 抱团取暖。

7. 家人支持。

8. 美满人生。

阐述微商的昨天、今天、明天，就是为了让你搞清楚外部的环境。

如果你真正想成功，你不只要看清楚环境，还需要看清你自己，就是这一章的第一条：**量力而行**。

你需要有全套的方法，但不要有太大的压力。

什么是全套的方法？朋友圈、群发、私聊、开课、个人的设置等所有东西都是相关联的。并不是你个人形象打造得好，学会自明星的营销方法了，你就是明星。

首先，你要有一个全局思维。知道 a 会影响 b 并且和 c 是相关的。这样综合起来才能做好一个操盘手。

我希望大家明白全套的方法，是让大家明白它们之间的关系。比如说朋友圈有什么用，你看我朋友圈平常不怎么发，但是我做活动了，我就一定会突击地发几天。

因为大多数人就是看当天的，最多往前翻两天。之前有个读者一直把我的朋友圈翻到2013年，但这是万分之一的概率，一万个人只有那么一两个，会翻到我最前面的一天。

群发、私聊、自明星、自媒体、课程、引流、社群、成交、裂变……所有的这些，你不可能全部都做，但是作为操盘手你不能不懂。

至于**绝对成交学**，其实很多事情是没有绝对的。但是你认为的，没有绝对，其实就是绝对的。

作为一个优秀的营销人，要有前提地"绝对"。只要你的目标客户没找错，做到绝对成交是完全有可能的。

我曾在线下建材公司做营销总监，带着我的销售经理去拜访大客户，恰巧这个大客户还没在工厂，就让他姐姐接待我们——一个四十岁出头的中年女人，纤瘦干练。

在我表明身份说明来意和递交了资料样板之后，对方看了看板材又看了看我，勃然大怒。

她手里拿着板材样品在我眼前挥舞，边挥舞嘴里边说："你们这是什么东西？你看看我们在杭州某某公司拿的板材，花纹、质量，比你们的好多少倍？"

就是这样一个暴躁且不认同我们产品的客户，在我动用了绝对成交学后，只过了一分钟，对方就和我要报价，我没给。

然后我们寒暄了些合作的其他方面，最后她开车送我去北京南苑机场时，又要了一次报价，我还是没给，我不给的原因是她最开始表现出的不认同和极度的不礼貌。

过了几个月，在广交会上，那个客户专程又来广州见我谈合作。

这就是绝对成交学的魅力，活学活用，找到你想成交的客户，就一定能成交。

然后是**广交朋友**。

作为一个合格的操盘手，或者是读懂本书之后的读者，你会发现你不只赚到钱，你还赚到无法用钱买到的朋友。

其实会一些基础社群营销的人都会发现，自己根本**不缺好友**。很多人都盲目地吸粉，被贪欲迷惑了心智，被互联网的假象所迷惑。

互联网就是包罗万象的一个大网，很多人一上网就开心，认为这个大网都是自己的，就开始做梦。

其实你只是茫茫大网中的一个节点，会营销的人则能够运用到其中资源的很小一部分，并且会变得异常成功。

例如摩拜单车，互联网里做共享自行车的。如果不是因为共享单车，我估计很多人都不会去骑自行车。共享单车出来之前，还有谁骑自行车？

但偏偏就是这么一个非常冷门的东西，人家可以做得那么成功。因为人家不贪心，踏踏实实地做自己的价值。

所以想要做到这些，真的需要你们**抱团取暖**，可是很多人还单打独斗。

我测试过，我问自己的一些高层代理："你们做微商一两年，结交了几个网上的朋友？"

有些代理说大概三四十个，有些甚至说更多。

我说："我给你四十份价值五百元的礼物去免费送，包邮，只要对方给地址、电话就免费寄给他。"

结果那些声称自己在网上有四十个好友的人，连五个地址都没要回来。这就说明你自己认为是关系不错的好朋友，对方其实根本没把你当回事儿。

我希望你也去梳理一下，看看通信录里有哪些是你在互联网领域做微商认识的，并且能够信任你的人。

当你愿意送他东西的时候，他是不是那个肯发地址给你的人？如果你也找不到几个，那等于说你送人东西，人家都不要，何谈卖货呢？

任何人的成功都离不开**家人的支持**，只是做微商之前很难得到，所以我们努力拼搏不只为了赚钱，还为了得到家人的支持和理解。

我做微商的第一款产品是卫生巾，做卫生巾的时候第一个反对的就是我母亲。

我跟我妈说："我做了这个卫生巾，你都六十多岁了，你别惦记我的产品。"

我妈说："你做什么，我不管。你别让邻居知道了笑话我们。"

我说："我不跟你们家邻居说，反正你不就是觉得儿子做卫生巾丢人吗？"

一年过去了，第二年我妈看我生意做得不错，就来了一趟广州。

她发现我生意做得挺好，生活有所改善了，能力也强了一点。虽说还没迎娶白富美，也还没当上高富帅，走上人生的巅峰，但是我在她心中已经有了变化。

我妈说："你的卫生巾发给我一些我帮你卖。"

这就是前后的差距。

家人的不支持、不理解，打击了自己的信心，加上意志力不够坚定，很多人就熬不到柳暗花明的春天，这也是很多人刚做微商坚持不下去的原因。

但如果你不成功，你就永远是错的，你什么都是错的。

你得明白，你做出成绩的时候，谁都会支持你。所有人都一样，不管是父母还是朋友，我们要做出成绩给他们看。

所以说，当我们不被理解，不被支持的时候一定要想想这句话：低头看看自己，肯定是自己还没做好，还没做到位。找找自己哪里有欠缺的，想办法做好了，做给那些瞧不起你的人看。

相信这样不久后，那些曾经怀疑你的人，就会给你竖起大拇指。

其实只要你努力拼搏，最后赚多少钱都不是特别重要。

人这一辈子，为的不就是一个认同吗？

所以，学好操盘，做一个成功的操盘手，为雇主、为行业、为国家，甚至为人类做出一份贡献吧！